首都高端智库报告

2022年度北京市属高校教师队伍建设支持计划优秀青年人才项目（BPHR202203164）
2022年度北京市属高校高水平科研创新团队建设支持计划（BPHR20220120）
国家自然科学基金面上项目（72373105）

多层网络视角下京津冀金融与创新协同一体化研究

首都经济贸易大学特大城市经济社会发展研究院
江 成　聂丽君　叶堂林 ◎ 著

首都经济贸易大学出版社
Capital University of Economics and Business Press
·北 京·

图书在版编目（CIP）数据

多层网络视角下京津冀金融与创新协同一体化研究／江成，聂丽君，叶堂林著. -- 北京：首都经济贸易大学出版社，2024.6

ISBN 978-7-5638-3695-6

Ⅰ.①多… Ⅱ.①江… ②聂… ③叶… Ⅲ.①地方金融事业—协调发展—研究—华北地区 Ⅳ.①F832.72

中国国家版本馆 CIP 数据核字（2024）第 101177 号

多层网络视角下京津冀金融与创新协同一体化研究
　　江成　聂丽君　叶堂林　著
DUOCENG WANGLUO SHIJIAO XIA JINGJINJI JINRONG YU CHUANGXIN XIETONG YITIHUA YANJIU

责任编辑	陈雪莲
封面设计	砚祥志远·激光照排　TEL: 010-65976003
出版发行	首都经济贸易大学出版社
地　　址	北京市朝阳区红庙（邮编 100026）
电　　话	（010）65976483　65065761　65071505（传真）
网　　址	http://www.sjmcb.com
E - mail	publish@cueb.edu.cn
经　　销	全国新华书店
照　　排	北京砚祥志远激光照排技术有限公司
印　　刷	北京建宏印刷有限公司
成品尺寸	170 毫米×240 毫米　1/16
字　　数	169 千字
印　　张	10
版　　次	2024 年 6 月第 1 版　2024 年 6 月第 1 次印刷
书　　号	ISBN 978-7-5638-3695-6
定　　价	48.00 元

图书印装若有质量问题，本社负责调换
版权所有　侵权必究

前　言

当前全球经济呈现大变局，"逆全球化"思潮不断涌动，国家间资金、物流和人员等要素流动受到极大限制，资源配置效率日益低下。同时，经济和科技竞争更趋向白热化，信息、生物、新材料和新能源等领域技术的不断突破和交叉融合，引发了全球产业价值链重塑与新一轮的国际竞争格局转变。面对机遇与挑战，立足国内大循环、畅通国内国际双循环，通过发挥北京引领辐射、京津冀资源要素互补、创新互动、协同演进等优势，构建面向"高精尖"经济结构的京津冀金融与创新生态系统，推动现代服务业同先进制造业深度融合，打造具有全球影响力的创新高地和世界级先进制造业集群，是我国应对国内外经济形势变化的重要战略途径。

正值京津冀协同发展十周年之际，本书立足京津冀区域，综合运用复杂性科学、系统科学、计算机科学、管理学和区域经济学等多学科交叉方法，从宏观层面上对京津冀金融网络、创新网络进行深入分析和研究，挖掘当前京津冀区域在金融与创新协同方面存在的问题，分析其发展趋势，并根据研究结果提出建议以支撑政府决策，更好地推进京津冀协同一体化。

在微观层面，本书期望通过对京津冀地区金融和创新的探析，分析金融和创新在促进京津冀发展中的作用，为京津冀的协同发展提供理论指导和支撑；在中观层面，本书期望通过对京津冀金融与创新协同一体化的有效探索，破解城市群发展中"卡脖子"的难题，实现我国城市群经济和创新的协调发展。在宏观层面，本书通过复杂网络在经济和创新领域的运用，丰富复杂性科学的跨学科应用，为跨学科应用提供思路。

本书可作为管理科学与工程学科、应用经济学科领域的科研工作者和研究生科研相关的参考书，也可作为管理类和区域经济方向本科生和研究生方法导论课的讨论教材。

本书的出版获得2022年度北京市属高校教师队伍建设支持计划优秀青年人才项目（BPHR202203164）、2022年度北京市属高校高水平科研创新团队建设支持计划（BPHR20220120），以及国家自然科学基金面上项目（72373105）的资助。本书在编写过程中，曾参考和引用国内外学者有关研究成果和文献，在此一并表示诚挚的感谢！由于笔者理论修养和自身能力的局限性，本书可能存在诸多不足，敬请各位读者不吝指正。

江成

2024 年 3 月 6 日

目录
CONTENTS

第一章　绪论 …………………………………………………………… 1
 第一节　研究背景与研究意义 ……………………………………… 1
 第二节　核心概念界定与辨析 ……………………………………… 7
 第三节　主要研究内容与研究方法 ………………………………… 11
 第四节　研究框架与创新之处 ……………………………………… 13

第二章　理论基础与研究综述 ………………………………………… 16
 第一节　理论基础 …………………………………………………… 16
 第二节　金融空间结构网络研究综述 ……………………………… 20
 第三节　创新空间结构网络研究综述 ……………………………… 24
 第四节　数字经济网络的研究综述 ………………………………… 33

第三章　多层网络的基本概念与表示方法 …………………………… 37
 第一节　复杂网络相关概念 ………………………………………… 37
 第二节　多层网络相关概念 ………………………………………… 42
 第三节　多层网络结构 ……………………………………………… 43
 第四节　多层网络的跨层链接 ……………………………………… 45
 第五节　多层网络的应用 …………………………………………… 46

第四章　京津冀协同发展现状与分析 ………………………………… 48
 第一节　京津冀金融协同发展情况 ………………………………… 48
 第二节　京津冀创新协同发展情况 ………………………………… 54
 第三节　京津冀一体化发展水平 …………………………………… 56

第五章　京津冀金融协同空间结构网络的构建与分析 … 58
第一节　引言 … 58
第二节　京津冀区域金融空间结构网络的生成机制 … 59
第三节　京津冀区域金融空间结构网络的构建与演化分析 … 69
第四节　京津冀区域金融空间网络结构的影响因素识别 … 78
第五节　本章小结 … 82

第六章　京津冀创新协同网络的构建与分析 … 84
第一节　引言 … 84
第二节　创新网络的形成机理 … 84
第三节　数据来源与说明 … 85
第四节　京津冀多层创新网络模型构建 … 85
第五节　京津冀创新资本协同演变机理分析 … 86
第六节　京津冀创新技术协同演变机理分析 … 95
第七节　创新网络 QAP 分析 … 107
第八节　本章小结 … 110

第七章　数字经济网络结构的构建与分析 … 112
第一节　引言 … 112
第二节　数据来源与说明 … 113
第三节　数字经济网络的构建过程 … 114
第四节　数字经济网络的演进分析 … 116
第五节　数字经济产业升级的路径选择机理 … 124
第六节　本章小结 … 126

第八章　京津冀金融与科技创新协同一体化对策建议 … 128
第一节　引言 … 128
第二节　京津冀金融协同一体化发展路径 … 128
第三节　京津冀创新协同一体化发展路径 … 131
第四节　京津冀金融与创新协同一体化发展路径 … 136
第五节　本章小结 … 138

第九章　总结与展望 ································· 139
　　第一节　引言 ···································· 139
　　第二节　研究总结 ································ 140
　　第三节　研究展望 ································ 140

参考文献 ··· 142

第一章 绪 论

第一节 研究背景与研究意义

一、研究背景

综观世界，全球正处于百年未有之大变局：新冠疫情持续冲击、单边主义盛行、地区矛盾交织、新工业革命挑战，等等。在这样复杂的背景下，党的十九届五中全会通过的《中共中央关于制定国民经济和社会发展第十四个五年规划和二〇三五年远景目标的建议》提出，要加快构建以国内大循环为主体、国内国际双循环相互促进的新发展格局；建立健全城市群一体化协调发展机制，以中心城市和城市群等经济发展优势区域为重点，带动全国经济效率整体提升。2019年8月26日，中央财经委员会第五次会议指出，"经济发展的空间结构正在发生深刻变化，中心城市和城市群正在成为承载发展要素的主要空间形式"。根据《中华人民共和国国民经济和社会发展第十四个五年规划和2035年远景目标纲要》，我国提出"两横三纵"城镇化战略格局及19大城市群，具体包括优化提升京津冀、长三角、珠三角、成渝、长江中游等5个城市群，发展壮大山东半岛、粤闽浙沿海、中原、关中平原、北部湾等5个城市群，以及培育发展哈长、辽中南、山西中部、黔中、滇中、呼包鄂榆、兰州—西宁、宁夏沿黄、天山北坡等9个城市群。城市群的发展，让空间集聚到一起的城市既能获得资源集聚的优势，又能避免自身扩张带来的人口拥挤、环境污染等问题，同时也兼顾了区域统筹协调发展，有利于"大城市病"的治理。由此可见，加快城市群建设、发挥城市和城市群的引领作用，是构建以国内大循环为主体、国内国际双循环相互促进的新发展格局的重要路径。

由北京、天津及河北省11个地级市构成的京津冀地区的面积为21.64万平方公里，2022年的人口总数为10 967.3万人，地区生产总值合计10万亿元，是我国重要的人口经济集聚地区。京津冀协同发展不仅是国家战略的重要组成部分，也是应对国内外复杂经济环境变化、实现高质量发展的关键途径。

(一) 京津冀协同发展持续推进

十年来，中央对京津冀战略部署逐步深化。2014年2月26日，习近平总书记视察北京并主持召开京津冀协同发展座谈会，明确提出京津冀协同发展的重大战略，京津冀协同发展上升为重大国家战略。强调要坚持优势互补、互利共赢、扎实推进，加快走出一条科学持续的协同发展路。随后，这一国家战略不断向纵深推进。2015年出台的《京津冀协同发展规划纲要》指出，要将京津冀区域空间布局为"一核、双城、三轴、四区、多节点"的"首都圈"网络空间格局。"一核"指的是首都北京，即把有序疏解北京非首都功能、优化提升首都核心功能（全国政治中心、文化中心、国际交往中心、科技创新中心四个中心功能）、解决北京"大城市病"问题作为京津冀协同发展的首要任务。"双城"指的是北京、天津，这是京津冀协同发展的主要引擎，要进一步强化京津冀联动，全方位拓展合作的广度和深度，加快实现同城化发展，共同发挥高端引领和辐射带动作用。"三轴"指的是京津、京保石、京唐秦三个产业发展带和城镇聚集轴，这是支撑京津冀协同发展的主要框架。"四区"分别是中部核心功能区、东部滨海发展区、南部功能拓展区和西北部生态涵养区，每个功能区都有明确的空间范围和发展重点。"多节点"包括石家庄、唐山、保定、邯郸等区域性中心城市和张家口、承德、廊坊、秦皇岛、沧州、邢台、衡水等节点城市，重点是提高其城市综合承载能力和服务能力，有序推动产业和人口聚集。2018年11月，中共中央、国务院明确要求以疏解北京非首都功能为"牛鼻子"，推动京津冀协同发展，调整区域经济结构和空间结构，推动河北雄安新区和北京城市副中心建设，探索超大城市、特大城市等人口经济密集地区有序疏解功能、有效治理"大城市病"的优化开发模式。

从我国战略发展的角度来说，京津冀协同一体化发展的建设意义非常深远，对于国家综合实力的增强以及我国在国际市场中的经济地位，都具有重要的影响。2019年1月18日，习近平总书记主持召开京津冀协同发展座谈会并发表重要讲话，强调推动京津冀协同发展取得新的更大进展；紧紧抓住"牛鼻子"不放松，积极稳妥有序疏解北京非首都功能；要保持历史耐心和战略定力，高质量高标准推动雄安新区规划建设，以北京市级机关搬迁为契机，高质量推动北京城市副中心规划建设。2023年5月12日，习近平总书记在河北考察并主持召开深入推进京津冀协同发展座谈会，强调以更加奋发有为的精神状态推进各项工作，推动京津冀协同发展不断迈上新台阶。要牢牢牵住疏解北京非首都功能这个"牛鼻子"，推动北京"新两翼"建设取得更大突破，强化协同创新和产业协作，在实现高水平科技自立自强中发挥示范带动作用，推进体制机制改革和扩大对外开放，下大气力优化营商环境，积极同国内外其他地区沟通对接，打造全国对外开放高地。随着国家发展战略的不断推进，京津冀三地就协同和共同体建设不断进行探索，高质量的集聚整合创新资源要素必将带动经济结构变革，形成辐射带动全国乃至全球经济发展的引擎和战略高地。

（二）金融协同是支持京津冀区域经济发展的有效手段

金融作为现代经济资源配置的一种方式，在促进资本快速积累、助力区域经济发展上发挥着重要作用。京津冀三地在协同发展过程中，其产业结构优化、基础设施建设、贸易发展及科技创新等涉及区域经济增长与高质量发展的各方面均离不开金融的有力支持，均需要区域内各省市金融活动相互联系、金融要素相互浸透。

近些年来，在国家政策引导下，京津冀金融业积极服务协同发展战略，支持三地实体经济扩大产能、产业转型、技术创新，提升金融服务的深度、广度和温度。在助推实体经济高质量发展的同时，也为稳定宏观经济大盘贡献了力量。但京津冀三地金融机构和资源分布不均，金融业整体实力存在较大差距。就社会融资规模而言，2022年北京社会融资规模增量为11 440亿元，河北社会融资规模增量为12 255亿元，而天津社会融资规模增量只有3 429亿元，远低于北京和河北；就金融业占地区经济的比重而言，2022年北京金融业增加值为8 196.7亿元，占地区生产总值的比重为19.7%，河北金融业增加值为2 931.8亿元，占地区生产总值的比重为6.9%，天津金融业增加值为2 197.27亿元，占地区生产总值的比重为13.5%，城市间占比存在较大差异；就金融发展水平而言，2022年京津冀三地人均拥有银行网点数量分别为每万人0.44个、0.39个、0.52个，存在不平等现象。金融发展差距是导致我国区域经济存在非均衡增长现象的重要关键因素。

区域金融发展是一个需要不断协同的动态演进过程，而金融协同发展是京津冀协同发展的动力和保障。支持京津冀协同发展是构建新发展格局形势下金融部门面临的新的重大政治任务，需加快构建金融新发展格局，持续强化对京津冀协同发展重大国家战略的金融支持，使三地之间既能焕发出小范围的经济循环活力，又能实现大范围的协调可持续性发展，产生区域内强烈的经济社会发展共振效应，在助力京津冀地区经济高质量发展中展现金融新作为。

（三）创新协同是助推京津冀区域协同发展的驱动力

创新是引领发展的第一动力，京津冀协同发展要靠创新驱动。党的十八大以来，习近平总书记把创新摆在国家发展全局的核心位置，高度重视科技创新，围绕实施创新驱动发展战略、加快推进以科技创新为核心的全面创新，提出了一系列新思想、新论断和新要求。2023年12月，京津冀三地人大常委会联合发布《关于推进京津冀协同创新共同体建设的决定》，在京津冀协同创新方面明确提出：加快建设北京国际科技创新中心和高水平人才高地，构建产学研协作新模式；唱好京津"双城记"，把北京科技创新优势和天津先进制造研发优势结合起来，提升科技创新增长引擎能力；河北要发挥环京津的地缘优势，更好承接京津科技溢出和产业转移。这为推进三地协同创新工作，进一步提升区域协同创新能力提供了法治保障[1]。创新协同通过整合和优化区域内的创新资源，促进产业升级和经济一体化，加快解决发展不平衡问题，并提升区域在全球竞争中的地位，为实现可持续发展奠定坚实基础。

近年来，京津冀协同创新共同体建设不断推进，区域科技创新和产业融合发展水平持续提升。据统计，截至2023年11月，北京流向津冀的技术合同数量达5 620项，同比增长6.6%，成交额达653.8亿元。依靠创新深化区域间合作，实现创新要素的自由流动与资源共享，形成协同创新的区域系统环境，是推进京津冀一体化的关键。然而，作为超特大城市的北京，对天津和河北周边辐射带动能力相对不足，首都科技优势未得到充分发挥，同时，北京内部也呈现单中心极化现象。如何解决京津冀区域发展方面存在的诸多不平衡、不充分的问题，让京津冀三地共同着力营造良好科创投资环境，建成引领全国创新驱动发展的世界级城市群，如何解决首都"大城市病"问题，强化生态文明和环境建设，探索人口经济密集地区优化开发模式，全面建成小康社会，形成共享、共生、共赢、共强的一体化创新生态，是推动京津冀

---

[1] 陈曦. 京津冀联合推进协同创新共同体建设［N］. 科技日报，2024-01-05（007）.

协同发展的重要议题。

(四) 金融与创新协同助力推进京津冀一体化进程

科技创新作为"第一生产力",促进了社会生产率的提高;金融发展作为"第一推动力",为科技创新的投入、产出注入了金融资源。金融与创新协同是推进京津冀一体化进程的关键力量,金融资源的优化配置和创新活动的深度融合为区域内的经济社会发展提供了有力支撑。

近年来,随着京津冀一体化战略的不断推进,京津地区的科技创新合作日益频繁,以跨区域合作为基础的科技创新合作持续深化。在这一背景下,金融支持作为科技创新的重要保障,发挥着越来越重要的作用。金融支持能够提供资金保障,促进科技资源的优化配置和高效利用,进而推动科技创新的顺利进行。在京津冀地区,不同地区、不同行业的科技资源分布不均,有些地区、行业科技资源相对丰富,而有些地区、行业科技资源相对匮乏。在这种情况下,金融支持作为科技创新的重要支撑,发挥着至关重要的作用。为了实现科技资源的平衡,科技成果的转化和产业化需要大量的资金投入,而金融支持能够为科技成果的转化和产业化提供资金支持,通过资金的流动,促进科技资源的优化配置,实现资源的有序流动,降低产业化过程中的风险,为科技创新提供更广阔的空间。

就目前京津冀金融业务和创新活动发展来看,一方面,京津冀区域一体化需强化金融协同,以银行、保险和证券为代表的金融行业正以多种形式展开区域合作,京津冀金融空间结构不断演变,逐渐形成多层关联网络;另一方面,以数字技术和数据要素为核心的数字经济不断渗透到经济社会的各个层面,数字经济与创新融合打破了创新各环节的界限,增进了不同创新要素、创新主体之间的信息流动,各创新主体在创新活动中构成多层关联网络。随着金融业重点领域加速协同,创新驱动持续发力,区域经济社会一体化发展的引擎作用不断显现。京津冀一体化过程中金融业务和创新活动密不可分,两者相辅相成、互相促进。因此,亟须从多层关联网络视角研究京津冀金融和创新一体化,助力京津冀协同发展战略。

二、研究意义

(一) 理论意义

在经济全球化的大背景下,包含一个或者多个核心城市的城市群依托其集聚经济优势、产业分工条件，迅速融入区域经济合作与交流当中，影响地区资源配置和区域经济新格局。

当今金融资本流动频繁，金融网络的空间关联效应与时空演化的复杂性受到新经济地理学者的广泛关注。金融空间结构网络是城市关联网络依附于金融产业的一种微观刻画。因此，用金融空间结构网络关系更能测度出城市金融协同的实际效果。与目前大部分协同测度评价体系不同，本书从复杂系统和复杂网络理论视角出发，构建京津冀区域金融空间结构网络，并从城市数量、城市规模、城市密度和城市之间的联系程度等角度衡量城市间的金融关联效应和时空演化，因而对当前研究是一个有益的补充。同时，随着经济全球化向纵深发展，世界各国对科技成果转化的认识日益深化。中国同样亟须加大科技创新力度，突破关键核心技术"卡脖子"难关，加快实现"卡脖子"技术自主可控，确保产业安全和战略主动，提高科技对经济社会发展的贡献率和支撑力。科技成果协同转化网络是城市之间科技成果依附于创新产业的一种微观刻画。本书从复杂网络理论视角出发，基于科技资本流动数据和专利转化数据，通过网络关联视角构建北京区域科技成果协同转化网络，从辐射强度、辐射密度、空间布局和合作特征等角度衡量城市间科技成果转化的关联效应和演化特征，并在此基础上，从城市间创新资本流动数据视角、技术专利转让视角和科创走廊共建视角探讨北京科技成果转化效率提升的路径和模式，是对当前研究的有益补充。

在经济全球化的大背景下，京津冀区域作为中国北方的重要经济圈，其金融与创新协同的一体化发展不仅对区域内部的资源配置和产业结构优化具有深远影响，而且对于理解和塑造全球经济新格局具有重要的理论价值。金融协同通过优化资本流动和提高金融服务的效率，为创新提供动力和保障；而创新协同则通过促进科技成果的转化和应用，推动产业升级和经济增长。这种金融与创新的相互促进，为城市群的一体化发展提供了新的理论视角和实践模式，有助于构建更为复杂和动态的区域发展理论框架。特别是通过探索京津冀区域内城市间的金融和创新网络结构，可以更深入地理解区域一体化进程中的协同机制和效应，为新经济地理学和区域经济学的发展贡献新的理论洞见。

（二）实践意义

根据2023年全球金融中心指数，上海、北京、深圳在世界金融格局中的影响力越来越强，在城市群中与其他城市的相对差距也发生着较大的变化。京津冀、长三角以及珠三角为我国金融服务业最发达的三大区域，是构成中国城市金融网络格局的重要载体，在促进区域金融一体化方面扮演重要角色。因此，针对京津冀地区以银行、证券和保险为代表的金融服务业构建多层金融空间结构网络，可以实际测度区域内各城市在金融关联网络中发挥的作用与功能，不仅能够更好地丰富当前对京津冀协同发展的研究，也能为长三角、珠三角、粤港澳大湾区等其他城市群的协同发展研究提供方法参考。

党的十八大以来，以习近平同志为核心的党中央高度重视科技创新工作，坚持把科技创新摆在治国理政的突出位置，对加快科技创新做出了一系列新决策新部署，提出了一系列新思想新观点，使我国科技创新能力不断提升，科技产出成果丰硕，科技事业取得了历史性成就、发生了历史性变革。本书从政策链、产业链、创新链和资本链融合发展角度提出创新机制对策建议，打通科技成果转化在技术、资本、人才等渠道的"肠梗阻"，从而丰富科技成果协同转化研究的理论体系，有利于进一步提升北京科技成果转化率，对相关决策部门、不同科技转化主体和打造国际科技创新中心均具有重要的实践意义。

京津冀三地存在发展不平衡、金融资源和创新能力差异较大等问题，因此，亟须对京津冀区域金融空间结构的差异和演变机理进行研究，对京津冀创新网络的组织形态和合作机制进行分析，进而探究京津冀金融与创新协同一体化路径，并基于实际问题给出政策建议，推动形成更加合理的京津冀金融与创新协同空间结构，助力城市群协同向横纵、向一体化推进。

第二节 核心概念界定与辨析

一、区域金融、区域金融协同

区域金融是指一个国家金融结构与运行在空间上的分布状态。在外延上，它表现为具有不同形态、不同层次和金融活动相对集中的若干金融区域。这些区域的金融结构差异、差异互补和相互关联构成一国的区域金融体系。这里有两点值得强调。一是对于完整的区域金融体系，其主体不仅包括各级政府，更包括微观经济主体；其运动范围不仅涉及区域内资金的互通有无，更涉及区域内各经济主体的资金筹集、流动和储蓄投资转化机制等多层次资本运作。二是区域各地金融资源配置及其发展水平存在非均衡特征，完全市场机制作用下资金必然会流入利润回报更高的地区，虹吸效应导致区域金融差异进一步扩大。因此，政府应该在区域金融深化上发挥积极作用。

区域金融协同的理论基础主要来源于区域经济一体化和金融地理学的相关理论，强调金融服务的地域性和金融资源在区域内的流动性。通过区域金融协同，可以有效提升金融服务效率，促进区域经济的均衡发展，为区域内的产业升级和创新提供有力支持。根据上述核心概念的定义及本书涉及的研究范围，区域金融协同的内容可以理解为一定区域范围内，通过政策协调、资源共享、信息互联等方式，实现金融资源优化配置，促进区域经济一体化发展的过程。这一概念不仅涵盖金融机构在区域内的合作与联动，还包括政府、市场以及相关利益主体在促进区域金融发展和服务实体经济方面的协同行动。面对新时期的发展要求，区域金融协同需要不断探索创新，加强合作，共同应对挑战，实现共赢发展。

二、区域创新、区域创新协同

区域创新系统理论认为，区域内的企业、研究机构、大学和政府等创新主体之间的相互作用是推动区域创新的关键。这一理论框架强调了知识在区域创新中的核心作用，以及区域创新能力提升对于促进区域经济发展的重要性。区域创新的关键要素包括人才、资金、技术和信息等。其中，人才是区域创新的首要资源，资金提供必要的物质支持，技术是创新的直接产出，信息则是创新活动中不可或缺的基础。因此，区域创新可理解为在一定的地理区域内，通过高校、研究机构、企业以及政府等多个主体的协同合作，集成和优化区域内的创新资源，促进新技术、新产品和新服务的开发，进而推动区域经济发展和社会进步的过程。区域创新系统强调的是区域内各种创新主体间的相互作用和网络连接，通过知识的创造、传播和应用，促进区域创新能力的提升和经济结构的优化升级。

区域创新协同是在一定地理范围内，通过区域内不同主体（包括企业、高校、研究机构、政府等）之间的合作与互动，共同促进新技术、新产品、新服务的开发和应用，以提升区域整体创新能力和竞争力的过程。与单纯的区域创新相比，区域创新协同更加强调多主体间的合作与资源共享，以及通过协同作用实现创新效率和效果的最大化。研究表明，区域创新协同的理论基础涉及创新系统理论、网络理论和协同经济理论等。这些理论强调知识的地域性特征，以及知识流动和共享在促进区域创新协同中的重要性。区域创新协同的关键要素包括创新主体的多样性、创新网络的构建与优化、知识产权保护机制，以及创新文化和环境的培育。有效的政策支持和金融服务体系也被认为是推动区域创新协同的重要因素。区域创新协同作为一种促进区域经济发展和提升竞争力的有效途径，需要区域内各创新主体之间的紧密合作和资源共享。根据上述核心概念的定义及本书涉及的研究范围，区域创新协同的内涵是指在一定区域范围内，通过资本互投和技术转移等机制，实现不同城市、企业、研究机构等创新主体间的知识共享、资源整合和目标协同，以促进创新资源的有效流动和优化配置，加速新技术的研发、转化和应用，从而推动区域内创新活动整体效率和竞争力的提升，实现经济社会的持续发展和产业结构的优化升级。

三、一体化发展

在全球化进程中，区域一体化发展越来越受到重视，国内外学者对区域一体化进行了大量研究。一般认为，区域一体化是指一个国家或地区的多个省（市）为消除成员之间的差异而进行政治制度的统一，其主要载体是城市群的发展。一体化发展是指在一定区域或行业内，通过政策、技术、市场等多种手段，实现资源共享、优势互补、高效协作的综合发展模式。一体化发展是一个广泛的概念，涵盖了经济、社会、文化等多个方面的综合发展，它旨在通过打破行政壁垒和区域限制，促进区域内外的紧密合作和资源整合，以实现区域经济和社会协调发展。

区域金融协同发力好比源头活水，能滋润区域一体化经济圈中的市场主体。金融一体化战略既加速了优势金融资源与实体经济精准匹配，又带动了产业集群、商业集群发展壮大。金融一体化在区域一体化过程中不仅能增量添力，而且能集不同区域的金融机构融资、支付和结算优势于一体，对推动区域一体化有着重要参考价值。区域创新协同是一体化发展的重要组成部分，特别强调在创新活动中不同主体之间的合作和协同，通过共享知识、技术和资源加快创新过程，提高创新效率和效果。区域创新协同可有效提升区域的创新能力和经济竞争力，是实现一体化发展的重要途径之一；同时，一体化发展为区域创新协同提供了广阔的平台和有利的环境，通过打破地理和行政限制，为不同创新主体间的合作创造了条件。

四、金融与创新协同一体化发展的内涵

金融与创新协同一体化发展强调的是在一体化发展的框架下，将金融协同和创新协同有效结合，形成双轮驱动的发展模式。本书将金融协同与创新一体化发展定义为：将金融协同与创新协同两大机制有效结合，共同推动经济结构的优化升级和区域经济一体化，实现经济社会的全面和可持续发展。这一概念不仅涉及在金融和创新各自领域内实现更高效的协同，更重要的是强调金融与创新之间的互动与融合，比如通过金融协同为创新提供资金支持和市场化服务，通过创新协同促进科技成果的产业化和商业化，通过策略性地整合两者资源和优势，实现双方资源、能力与信息的共享与互补，共同推动区域经济的持续健康、全面协调发展，实现创新驱动和金融支撑双轮驱动的发展战略。这一发展战略对于提升区域创新能力、促进产业转型升级以及增强区域经济的整体竞争力具有重要意义。

金融协同与创新协同在推动京津冀区域一体化进程中发挥着重要的双重作用。金融协同主要通过提高金融资源的配置效率，促进区域内资本的流动和优化，为企业提供必要的金融服务和支持，包括投融资、信贷支持等，从而降低融资成本，加快产业升级和技术创新。创新协同则着重于知识的共享、技术的转移与合作研发，通过建立紧密的研发网络和创新体系，促进科技成果的快速转化和应用，加速区域经济的结构调整和产业升级。两者相辅相成，金融协同为创新提供资金保障和激励机制，而创新协同则通过技术进步和产业优化推动金融产品和服务的创新，共同促进京津冀区域一体化的深入发展。这一过程不仅增强了区域内的经济动力和竞争力，也为实现可持续发展目标提供了重要支撑。这两者的结合有助于形成区域内外部协同效应，加速经济结构的优化升级。

第三节 主要研究内容与研究方法

一、主要研究内容

（一）京津冀金融协同多层网络

本书基于多层复杂网络视角，根据京津冀区域各城市间银行、证券、保险三大系统中的金融机构相关数据，利用复杂网络理论分析京津冀区域金融空间结构特征和具有最佳辐射影响的区域节点，结合系统动力学方法研究金融空间结构的差异和动态演变，从演变角度提出区域金融结构的优化策略。本书有两个创新点。一是将银行、保险、证券作为整体研究对象进行研究阐释。一方面，有利于厘清京津冀区域金融空间结构差异形成的内在机理，准确度量区域金融空间结构差异；另一方面，有利于丰富复杂网络视角下金融空间结构研究的理论体系。二是根据2001—2019年京津冀区域各城市间银行、证券、保险三大系统中的金融机构相关数据构建金融空间关联网络。一方面，有利于监管部门和金融机构更加全面、系统地掌握京津冀区域金融空间结构的差异与演变趋势，推动区域间金融机构的深度融合，保证各金融机构业务的有序健康经营；另一方面，全面系统的"整体"研究，对政府相关部门制定推进京津冀一体化进程的有效治理措施，优化区域金融结构，缩小金融空间结构差异具有重要作用。

（二）京津冀创新协同多层网络

本书从微观层面入手，利用复杂网络方法，运用科学技术服务业流出和流入数据、专利的授权转让数据，构建以城市为节点、流动关系为边的关联网络，以保证更为全面地刻画北京区域整体科技成果转化和创新资本流动的结构，提供了一个全面的框架来分析京津冀地区的创新协同机制，了解区域创新网络的结构和动态，深入理解区域内城市间如何通过科技服务业的资本流动和专利转移来促进创新资源的共享和技术成果的广泛应用。一方面，分析全国科技成果转化的现状，重点分析影响北京科技成果转化的主要因素。在此基础上，构建北京科技成果转化空间关联网络，深层次捕捉北京科技成果转化的流向布局特征、动态演化趋势，并从政策链、产业链、创新链和资本链融合发展角度打通科技成果转化在技术、资本、人才等渠道的"肠梗阻"，提出创新机制对策建议。另一方面，科技成果的转化离不开原始创新以及创新资本的加持。为了更好地摸清北京科技成果转化在全国范围内的地位和作用，对城市间的创新资本流动数据进行分析，构建以全国298个地级及以上城市为节点、城市间的创新资本流动规模为边的创新资本网络。在此基础上，通过复杂网络分析方法，测度北京在创新资本网络中的度中心性、中介中心线性、紧密中心性等各项指标，以此分析北京科技成果转化在全国的地位、作用及其路径模式。之后提出制定政策以促进区域内的创新协同、加强城市间的合作关系、提升区域整体的创新能力和竞争力。

（三）数字经济网络

本书详细探讨了中国数字经济网络结构的构建与分析，专注于2000—2020年全国298个地级及以上城市的数字经济产业数据。基于显著比较优势理论和复杂网络理论，构建了城市与产业、城市之间以及产业之间的关联网络，揭示了中国数字经济产业转型升级的路径。通过聚类分析技术，识别了城市和产业的集聚结构，并利用地理大数据分析了城市间的"邻近学习"和"相似技术学习"效应，为城市间的技术帮扶和数字经济产业的升级提供了策略。

二、研究方法

本书主要选择了以下几种研究方法对京津冀金融与创新协同一体化支持京津冀经济发展进行分析。

（一）理论分析与实际分析相结合的方法

目前国内还没有形成较为完整的金融与创新协同一体化的研究框架，尤其是针对区域内部金融与创新协同研究的理论成果更少，且国内外相关研究多基于单一关系视角下的单层网络，多主体多关系视角下的多层网络模型较为鲜见。本书在借鉴现有文献资料的基础上，结合京津冀区域内部金融发展和创新活动实际情况，尝试将现有理论与实践进行结合，对相关理论和内容加以拓展延伸。首先，对区域金融协同和创新协同的内涵和相关理论问题进行抽象和总体阐述。其次，分析京津冀区域金融与创新协同演化机理及存在的差异性等，根据实际情况提出相应的政策建议，使理论具有更强的可操作性和指导意义。

（二）定性分析与定量分析相结合的方法

以定性分析为基础，适当地运用定量分析工具研究区域金融与创新协同发展问题。定性分析的重点在于揭示区域金融与创新协同发展支持京津冀区域经济的机理，进而优化路径，实现区域经济可持续发展。定量分析则运用大量的指标数据和调查资料，并利用经济模型对京津冀区域金融与创新的发展现状、协同程度等进行实证分析，得出的一系列实证结果使本书的理论与政策建议有了更坚实的支撑。

（三）整体研究与要素分析相结合的方法

整体研究旨在从宏观上把握京津冀区域金融与创新协同发展中存在的问题及可行性，而要素分析则突出金融与创新协同发展的可操作性，提出的具体路径包含了实践现状、作用机制以及相关改进措施，并通过对微观关联关系的全面深入研究，促使整个区域金融与创新系统协调合作，优化产业空间结构布局。

第四节 研究框架与创新之处

一、研究框架

本书在京津冀协同发展的大背景下，探析了金融协同发展和创新协同发展的现状，深入探讨了金融和创新协同在促进区域协同发展、一体化发展中的支持作用，并提出了有针对性的发展路径和对策建议，形成了一套完整严谨的研究框架。各章主要内容如下：

第一章，绪论。本章介绍了研究背景及目的、意义，探讨了京津冀金融与创新协同推进一体化的作用和重要性，概述了本书的主要研究内容及研究方法，并梳理出本书的创新之处，建立从多层网络视角下设计京津冀金融与创新协同一体化的研究框架。

第二章，理论基础与研究综述。本章首先介绍了本书会使用的引力模型、协同论、空间计量理论等理论基础。其次，从金融空间结构网络、创新空间结构网络两大部分进行文献综述，分析国内外的研究现状，为全书后续研究分析奠定理论基础。

第三章，多层网络的基本概念和表示方法。本章介绍了多层网络的相关概念，总结归纳了多层网络的结构、适用数据及实践应用场景，为后文搭建金融协同空间结构网络和创新协同网络并分析网络特征和属性奠定基础。

第四章，京津冀协同发展现状及分析。本章从区域资源分布和存在的现实问题等方面分析了京津冀金融协同发展、创新协同发展情况，并概述了京津冀一体化发展水平。

第五章，京津冀金融协同空间结构网络的构建与分析。本章首先从理论内涵与现实特征和动因两个方面分析了京津冀金融协同空间结构网络的生成机制。其次，利用多层网络方法构建京津冀金融协同空间结构网络模型，并对其进行演化的分析。最后，对京津冀区域金融空间网络结构的影响因素进行识别。

第六章，京津冀创新协同网络的构建与分析。本章基于复杂网络理论模型，构建了城市之间双层创新协同网络，对京津冀城市在全国范围内创新资本流动网络中的地位、作用和演变规律进行分析，发现各城市对外辐射、对内吸纳创新资本的主要特征，为推动京津冀科技成果协同发展、创新资本流通和策略制定提供了重要支撑。

第七章，数字经济网络结构的构建与分析。本章首先基于空间尺度数据构建了多模式关联网络模型。其次，分析了产业规模和技术创新要素视角下数字经济产业的结构演进，包括网络结构演进的特征分析、城市群的聚类分析和产业群的聚类分析。最后，识别城市数字经济产业升级的路径选择机理。

第八章，京津冀金融与科技创新协同一体化对策建议。结合前文的研究结果，本章讨论了京津冀地区金融与创新整体情况，综合现实问题提出了有针对性的对策建议，为京津冀金融和创新的资源配置、空间布局、体制机制等提供决策支持和参考指导。

第九章，总结与展望。本章系统梳理全书的研究成果与启示，并结合研究局限提出未来可探索的新方向。

二、创新之处

（一）学术思想方面

一是本书定义京津冀金融空间结构是从多类型金融机构关联网络角度展开的，即从银行、证券和保险三大系统视角构建关联网络，以保证更为全面地洞察区域整体金融空间结构。二是本书将多种关联视角下的微观关系映射为低维矩阵形式,从创新资本视角、技术专利转让视角、建立科技创新走廊视角分析北京在其中的地位和作用,能够更好地捕捉北京在科技成果协同转化方面的多种耦合关系。

(二)学术观点方面

本书汇集京津冀跨金融子系统金融机构之间的海量数据,构建大数据动态数据仓库,利用网络方法刻画不同金融机构间的多种业务关系,并结合系统动力学方法对金融空间结构动态演变进行分析,实现了由传统的"静态分析"到"动态演变"的转变。

(三)研究方法方面

一是将金融空间网络的研究方法应用于复杂网络模型建模中,优化了金融空间结构网络矩阵表达形式。利用复杂网络方法,将多层关联网络映射为低维矩阵形式,从而更好地捕捉多个网络间的耦合关系。二是将复杂网络理论与建模方法应用于科技成果协同转化问题,丰富了研究方法的应用情景。利用复杂网络方法,将多种关联视角下的微观关系映射为低维矩阵形式,从创新资本视角、技术专利转让视角、科技创新走廊视角分析北京在其中的地位和作用,能够更好地捕捉北京在科技成果协同转化方面的多种耦合关系。

第二章　理论基础与研究综述

第一节　理论基础

一、引力模型

万有引力理论最早是物理学提出来的,其描述的是各个物体之间的相互作用。引力模型原仅指物理学中解释万物运动的方程。赖利(Reilly,1931)借鉴了物理中的力学引力模型,最早提出用该模型来测算区域间的经济联系。经济动力学中的经济引力论指出,万有引力原理同时也适用于各地区的经济联系,相互吸引的规律也存在于各地区的经济联系之中。对于一个区域的城市来说,在各方面也都有着类似的吸引力,从而产生许多相互影响作用。为了更加合理地对城市间情况与相互之间的发展关系进行分析,很多学者都尝试在城市的经济吸引力分析过程中引入万有引力理论。在此基础上,后续许多学者进一步对引力模型作了理论阐释,并将其引入城市体系研究中,对力学的引力模型进行推理验证,引入经济相关指标,来测度两个区域间的引力值。20 世纪 60 年代,丁伯根(Tinbergen,1962)将引力模型运用到贸易流量研究领域。根据观察到的两国贸易额与各自经济总量正相关,与距离负相关的规律,形成了引力方程。虽然那时的引力方程还只是一个由经验形成的公式,但其对研究商品贸易和服务贸易都有很强的适用性。商品贸易流量较服务贸易流量可以被更准确地测算,所以运用引力模型研究商品贸易流量的方法被广泛使用,从效果来看,引力模型的拟合良好。此外,著名地理学家塔费(Taaffe,1962)就提出:"城市间经济联系的强度与它们的人口规模乘积成正比,同它们之间地理位置距离的平方成反比。"

目前,构建空间关联网络的常用方法包括 VAR 模型和引力模型。其中,

VAR模型既不能准确刻画出空间关联网络的变化趋势，也不能解决滞后阶数的问题。引力模型则更加适合于刻画空间演化趋势，且能够有效避免滞后阶数引起的自由度衰减问题。因此，引力模型可以弥补VAR模型的缺陷，能够利用截面数据分析描述研究对象空间关联网络的变化趋势。

本书将引力模型应用到区域金融集聚领域，并对引力模型进行完善和修正，即假定区域间的金融关联关系与其金融机构数量、体量和从业者人数成正比，与区域间的距离成反比，以便增强引力模型在区域金融领域的适用性。

二、协同论与复杂系统理论

德国物理学教授哈肯（Haken，1983）从物理学的激光理论研究角度，对协同学进行研究，而美国战略管理学家安索夫则从经济管理研究角度阐述了协同内涵，二者被认为是最早研究协同论的学者。在我国，钱学森吸收了耗散结构论的涨落理论和突变论的稳态理论等，运用辩证唯物主义进一步对协同论的观点进行完善，使协同论成为更加完备的系统科学学科。具体来讲，协同论是指在非平衡态复杂巨系统中，各系统差异很大，属性不一，变化无序，但在一定的条件下，可以遵循共同的规律发生变化，相互作用、协作，最终达到动态平衡，形成有序状态的过程。因此，协同论主要研究远离平衡态的开放系统在与外界有物质或能量交换的情况下，如何通过自己内部协同作用，自发形成时间上、空间上和功能上的有序结构，从而实现整个系统效率的有效提高。

虽然协同论产生于自然科学领域，但它对社会科学等领域内的研究也有着一定的启示参考作用，不仅为其他科学研究开辟出一个新的视角，而且为其提供了有效的方法和工具。首先，协同论中的竞争、协同、序参量、控制参量、伺服原理、涨落等概念和原理深刻地揭示了系统由无序的混沌状态到协同有序状态的形成过程和机制。其次，按照协同论的观点，非线性的相互作用是系统演化的动力。协同论运用数学语言来表示非线性相互作用，并以此来揭示系统演化的机制，为人们的科学研究提供了有益的思维方式和方法。最后，通过对涨落、控制参量等概念的了解，我们可以看出要运用协同论进行科学研究，其研究对象必须是一个开放且与外部环境不断地进行物质、能量、信息等交换的系统。近年国外学者对协同论的研究主要基于自然科学和数学，以定量化描述为主，用微积分等数学方法解释协同论的自组织现象。

国内学者对于协同论的研究更加注重实际应用，采用定性描述，将协同论应用于区域协同等社会科学领域的具体问题中。

本书将协同论引入研究中，将京津冀区域作为一个开放系统，依据复杂系统和协同理论探讨京津冀区域金融服务体系，以期达到一体化发展的目的。

三、QAP 回归分析

QAP（quadratic assignment procedure，二次迭代分配程序）回归分析是一种测量数据间关系的方法，它以若干个一模体 $N×N$ 维的网络矩阵为自变量，回归同类网络矩阵，判断回归系数并进行显著性检验。因此，QAP 回归分析在社会网络分析中具有广泛的应用空间。传统的回归分析方法多为多元线性回归，然而，QAP 回归分析方法的数据对象是具有空间结构联系的网络关系矩阵，而关系矩阵中存在结构性的自相关容易产生多重共线性等问题，使得基于最小二乘法（OLS）的多元回归方法的变量显著性检验失效，带来有偏估计。不同于多元线性回归的是，QAP 回归分析主要针对关系数据，因而无须变量间相互独立即可避免多重共线性问题。QAP 回归是一种非参数检验，可以避免因观测值相关而引起的统计偏误。因此，QAP 估计结果比传统的参数方法更加稳健，从而被广泛地运用于社会网络分析中影响因素的研究。

QAP 回归分析以网络矩阵作为因变量和自变量，对网络矩阵之间的"关系"进行假设检验。其分析原理步骤如下：首先，对自变量（解释变量）矩阵和因变量矩阵对应的长向量元素进行常规的多元回归分析，得到实际参数估计值和判定系数；其次，对因变量（响应变量）的各行各列进行随机置换，重新计算回归，保存系数估计值和判定系数；最后，重复之前的步骤多次（几千次乃至几万次迭代），对所有的系数值和可决系数进行判断得到相应的分布，从而得到各个估计统计量的标准误。

四、空间计量理论

空间计量理论中常用的测度指标包括空间自相关 Moran's I 指数、赫芬达尔-赫希曼指数（HHI）、区位熵（LQ）等。

（一）空间自相关 Moran's I 指数

通过计算 Moran's I 指数值和 P 值对三大城市群金融网络空间布局的集聚性进行评估，其计算模型为：

$$I = \frac{n}{S_0} \frac{\sum_{i=1}^{n}\sum_{j=1}^{n}\omega_{ij}z_i z_j}{\sum_{i=1}^{n}z_i^2}$$

式中：z_i/z_j 是要素 i/j 的属性与平均值；ω_{ij} 是要素 i 和要素 j 之间的空间权重；n 表示要素总数；S_0 表示全部空间权重的和。I 的取值范围为 $[-1,1]$。当 I 趋向于 1 时，表明绝对的空间正相关；当 I 趋向于 0 时，表明空间随机分布；当 I 趋向于 -1 时，表明绝对的空间负相关。

（二）赫芬达尔-赫希曼指数（HHI）

赫芬达尔-赫希曼指数（HHI）用于测算产业在区域内的集聚程度，它是国际通行的反映产业集聚效应的指标。产业集聚是指区域内的某一产业的市场份额逐渐集聚在少数地区而获得集聚经济优势的过程。其计算公式为：

$$HHI = \sum_{i=1}^{n} S_i^2$$

式中：$S_i = X_i/T \cdot 100\%$，表示第 i 城市某产业产值占研究区域某产业总产值的比重，X_i 为第 i 城市的某产业产值；T 是研究区域某产业总产值。一般来讲，HHI 值越大，表明一个产业在研究区域内集中度越高，即集中分布在某些市；反之，HHI 值越小，表明一个产业在研究区域内集中度越低，即产业在区域内比较分散。本书依据京津冀区域金融服务业的数据测算金融集聚程度和集聚方向。

（三）区位熵（LQ）

区位熵（LQ）又称专门化率，用于测算产业在区域内的具体集聚分布特征，反映了产业在区域内各地区的专业化程度。其计算公式为：

$$LQ_{ij} = (L_{ij}/L_i)/(L_j/L)$$

式中：L_{ij} 表示研究区域内的 i 城市 j 产业的就业人数（或产值）；L_i 表示该 i 城市所有产业的就业人数（或产值）；L_j 表示整个研究区域 j 产业的就业人数（或产值）；L 表示该区域所有就业人数（或总产值）。当 $LQ_{ij} > 1$ 时，表明 j 产业在 i 城市相对集中，专业化水平较高，超过区域水平，具有行业优势，尤其是当 $LQ_{ij} > 2$ 时，j 产业优势十分突出，发展迅速；当 $LQ_{ij} = 1$ 时，表明 j 产业在 i 城市相对集中程度与整个研究区域水平持平；当 $LQ_{ij} < 1$ 时，表明 j 产业在 i 城市相对落后。本书用金融规模区位熵来测算京津冀城市群金融服务业集聚状况，即以京津冀各地区金融存贷款余额作为城市金融规模指标来测算该区域金融规模相对于整个京津冀区域的金融规模区位熵。

第二节　金融空间结构网络研究综述

一、金融空间结构的定义及影响因素研究

在金融空间结构的影响因素方面，帕克（Park，1989）和考夫曼（Kaufman，2001）通过微观经济学的规模理论研究金融中心的形成因素。潘迪特、库克和斯旺（Pandit，cook，and swann，2001）认为金融中心的形成是金融企业高度集聚的产物。莱申和思里夫特（Leyshon and Thrift，1995）、莱申等（Leyshon et al.，2008）提出金融空间结构的演化是"金融排斥"和"金融融合"交错关联的过程。陈等（Chen et al.，2010）及梅森和哈里森（Mason and Harrisonr，2002）从金融集聚现象和成因方面进行研究，发现金融风险投资与被投资企业的地域空间分布具有邻近性和空间聚集特征。此外，波蒂乌斯（Porteous，1995）、博松、马哈纳和查希尔（Bossone，Mahajan，and zanir，2003），以及布伦纳和格雷夫（Brenner and Greif，2006）从信息不对称性和规模经济两个角度分析金融集聚的成因。

在国内，金融空间结构定义及影响因素方面的研究起步较晚，主要是从金融集聚的影响因素角度进行研究。邓薇（2015）应用空间相关性指标、赫芬达尔-赫希曼指数（HHI）和区位熵分析我国金融业空间格局和影响因素。沈玉芳等（2011）以长三角城市群为研究对象，分析金融集聚影响因素。张杰、盛科荣、王传阳（2022）分析了城市间金融网络的空间演化特征。刘辉、申玉铭、柳坤（2013）分析金融中心辐射能力影响因素，以及金融空间分布格局。此外，李红和王彦晓（2014）、杜庆霞（2017），以及刘继和马琳琳（2019）基于金融集聚对区域经济的增长效应，采用改进权重的空间杜宾模型检验金融聚集效应。茹乐峰、苗长虹、王海江（2014）借助 GIS 空间分析技术对全国核心节点城市金融聚集的空间格局进行评价。杨雨、宋福铁、张杰（2023）借助地理探测器模型探讨中国金融网络空间结构形成的影响因素。

二、金融空间结构网络的构建研究

目前关于金融空间结构网络的构建方法主要集中于连锁网络模型、引力模型、转译模型、Granger 因果模型、余弦相关模型等。任会明、叶明确和余

运江（2021）基于连锁网络模型、社会网络分析方法和空间分析方法，利用银行网点的空间布局，测度1979—2018年京津冀、长三角、珠三角等中国三大城市群金融网络的空间结构与演化特征。曾冰（2019）基于修正引力模型、社会网络分析与QAP分析方法，对中国省际金融发展的空间关联网络形态特征及其影响因素进行实证研究。李雨婕和肖黎明（2021）基于企业总分支机构数据构建企业-城市网络转译模型，借助社会网络分析法考察中国绿色金融网络的空间结构特征及其影响因素。袁野和钱莲芬（2018）利用1990—2015年中国31个省（自治区、直辖市）存贷款余额和GDP数据，将金融业空间区位熵作为衡量区域金融发展指标，基于Granger因果检验方法和网络分析法构造中国金融发展的空间关联网络。曹薇、刘春虎和苗建军（2021）基于区域的金融发展水平、资源禀赋的夹角余弦相似性来度量空间关联强度，进而利用社会网络分析法，对金融发展、资源禀赋影响下区域承接产业转移的产业空间的双网络进行对比分析。

三、金融空间结构的度量及差异研究

国外学者主要从两个角度对金融空间结构进行度量。一是从金融空间计量分析角度，运用探索性空间数据分析（ESDA）指标，如梅森（Moran, 1950）的全局Moran's I指标、吉尔里（Geary, 1954）的全局Geary's C指标、格蒂斯和奥德（Getis and Ord, 1992）的全局Getis's G指标、格蒂斯和奥德（Getis and Ord, 1996）的局部空间相关性Getis-Ord's G指数等，来直观地描述空间数据。道（Dow, 1999）和马丁（Martin, 2000）通过建立空间计量模型来分析区域金融空间结构和空间非平稳性。二是从金融空间联系特征角度。例如，丁伯根（Tinbergen, 1962）、波伊豪宁（Poyhonen, 1963）和劳拉詹南（Laulajainen, 2001）运用地理计量学理论以及牛顿万有引力模型对金融空间联系特征进行分析，测度区域间经济相互吸引、相互联系的强度，形成经济引力论的基本模型——引力模型。

就国内相关研究而言，主要从设定统计指标角度对金融空间结构进行度量。例如，周立等（2002）基于金融相关率、人均存贷款和人均国内生产总值（GDP），金雪军等（2004）使用不同地区金融相关率的比值，赵伟和马瑞永（2006）通过泰尔指数分解，直接比较金融空间结构差异。同时，林晓等（2013）从引力模型角度，运用空间相互作用模型和GIS地图分析技术，对区域金融空间联系分布进行研究分析。程婧瑶、樊杰和陈东（2013）、杨志民等（2014，2015）将物理学中的万有引力公式延伸应用到经济学领域，通过机器学习算法识别金融中心等级。近年来，随着交叉学科的兴起，复杂系统建模方法逐步引入区域经济学科中。例如，袁野和钱莲芬（2018）开始尝试从复杂网络角度构造金融空间关联网络，对区域金融发展的影响因素进行分析。李响（2011）、汪明（2012）利用复杂网络分析城市群经济联系网络结构。刘耀彬和戴璐（2013）、方叶林、黄震方和涂玮（2013）利用复杂网络分析经济空间差异。侯赟慧、刘志彪和岳中刚（2009）、鲁金萍等（2014）、李美慧（2017）利用复杂网络分析一体化进程。

四、金融空间结构的动态演变相关研究

国外相关研究主要从生命周期模型角度出发。斯托珀和沃克（Storper and Walker，1989）认为金融空间结构演变要经历导入期、成长期、成熟期、饱和期和衰退期五个阶段，金融空间结构会按照模式化的生命周期过程进行布局选择。布朗（Brown，2000）探讨并检验集群演化和集群间相互作用的过程。布伦纳和格雷夫（Brenner and Greif，2006）从系统动力学角度，通过建立系统动力机制模型，发现企业之间的行为决定了集聚演变的过程。对比而言，国内研究方面，谭劲松和何铮（2009）主要从复杂网络角度指出金融集聚的演变是一个自组织过程。李昊和曹宏铎（2010）使用双重网络演化模型，给出了金融空间结构网络生命周期各阶段的内因解释。此外，大数据和机器学习技术也逐步引入该领域。任英华和姚莉媛（2010）、聂文星和吴言（2014）从机器学习角度，通过构造 Logistic 方程，研究了我国金融业在不同年份所隶属的阶段，指出金融空间结构的集聚演变过程是由多个微型演化过程叠加而成的。周立和陈彦羽（2022）采用空间杜宾模型，从金融比率、金融活力、金融效率及金融密度 4 个子维度检验了金融空间结构与区域经济发展的关系。

五、区域金融协同发展研究

从国内外区域金融研究现状来看，目前的研究主要针对区域金融问题、区域金融一体化及区域一体化程度。李国平、孙瑀和朱婷（2020）指出，城市空间发展新的趋势导致发展模式和理念的创新：在空间组织上，由传统的、

等级的中心地模式,向多中心、扁平化、网络型模式转变;在空间范式上,由传统的"地方空间"向基于网络的"流动空间"转变;在空间增长上,由早期的"城市蔓延"向强调空间管治的"精明增长"转变。城市理论表明,如同经济增长总是伴随经济结构的升级,城市空间扩张往往也伴随空间结构的优化和调整,即从单中心结构向多中心结构转变。城市空间的多中心化,通过中心城市职能向外疏散,有效降低聚集不经济,并通过在更大空间尺度,即区域层面上的再集中获取整合效应,实现城市的可持续发展和竞争力提升,即"追求城市分散性的规模经济"。此外,研究表明京津冀区域协同创新水平有所提高:京津冀三地通过共建高科技园区等形式,大力推动创新链、产业链、资金链、政策链等方面的融合。区域科技研发及成果转化平台建设加快。京津冀区域协同创新网络初步形成,北京为创新网络中心,天津、石家庄为创新网络次中心,廊坊、保定、沧州、唐山为网络三级枢纽,其他城市为网络节点。区域协同创新网络不断发育,网络联系不断加强,网络密度不断提高。

六、研究评述

综上所述,国内外学者从金融空间结构的定义及影响因素、金融空间结构网络构建、金融空间结构度量及动态演变等方面对金融空间结构进行了丰富的研究,但仍存在以下两个方面的不足与缺憾:第一,已有研究多以银行为主体进行区域金融关联分析,未将证券、保险等其他金融行业主体纳入区域金融体系中完整考虑。随着金融业蓬勃发展,金融脱媒加速,混业经营趋势日益明显,银行在金融体系中的地位有所弱化,区域间金融体系呈现出从银行主导向各类金融机构间相互持有股权债权、业务合作与市场渗透、资产价值相互关联等形成错综复杂金融空间网络方向发展。因此,在这种情况下,如不能把金融体系作为一个内在相互关联、动态变化的整体进行分析,就不能完整地反映该地区的金融网络系统全貌。第二,传统数据处理方法因受历史数据进行外推分析,偏差较大。现有的金融空间结构模型和方法对金融市场完善程度、市场有效性、数据可获得性有较强的依赖性,而我国金融市场历史数据不足、数据稳定性和连续性较差,因此,采用传统数据处理方法利用历史数据进行外推分析,会产生较大偏差。

为客观展现新形势下京津冀区域金融空间结构的发展特征和变化规律,

有必要从银行、保险、证券等多主体视角对上述问题进行深入研究，为推进京津冀金融一体化进程提供理论支撑和经验支持。基于此，本书以2001—2019年京津冀地区金融系统典型的代表银行业、保险业和证券业的一些主要指标（如企业数量、员工人数等）为数据源，通过大数据挖掘与分析技术、地理信息编码技术获取京津冀市辖区和地区市（包括京津两市下辖的32个辖区，以及河北省下辖的11个地级市）细粒度下的数据信息，采用复杂网络分析方法，绘制了京津冀金融空间结构多层网络的动态演化图谱，并应用复杂网络分析方法和QAP回归分析模型对京津冀地区金融空间结构的拓扑统计特征和演变机制进行分析研究，从演变角度提出区域金融结构的优化策略，以尝试做出有益的补充，有利于监管部门和金融机构更加全面、系统地掌握京津冀区域金融空间结构的差异与演变趋势，推动区域间金融机构的深度融合，保证各金融机构业务的有序健康经营；此外，将各类金融主体考虑在内的系统性研究对政府相关部门制定推进京津冀金融一体化进程的有效治理措施具有重要的参考意义。

第三节　创新空间结构网络研究综述

一、创新网络内涵

从主体视角来看，创新网络是一种基于集成创新的制度安排，各创新主体之间的创新关联关系是创新网络中的联结机制。创新网络中的主体包括研究机构、从事创新活动的辅助性机构（如供应商和相关研究协会）。网络中各主体之间的合作形式主要表现为合作R&D协议、创新成果促成的行业投资、技术成果交流协议、政府资助的联合科研项目等。

从关系视角来看，创新网络是参与主体基于某种价值目标形成的一种正式和非正式的组织关系。创新网络是为促进知识交流而构建的非正式且相对松散，具有嵌入性和动态整合能力的相互作用系统。2011年，伊里亚斯（Elias）提出螺旋结构来反映创新网络，其中三重螺旋创新关联模式侧重于大学—企业—政府三者之间的关系，四螺旋创新网络引入了基于媒体和文化的公民社会观点，五螺旋加入了社会环境因素。创新网络是参与主体在空间和战略层面上相互作用关系的综合反映。

从管理视角来看，创新网络是不同参与主体围绕新产品的开发设计、生产销售等过程建立的一种互惠共生的协作系统。现代知识密集型经济是复杂的社会系统。2003年，安德烈亚斯（Andreas）基于战略联盟自组织模式来解释创新网络的形成。创新网络是一种不同领域知识共存进化组合而成的动态关联知识系统，是一种由知识创造、传播扩散和使用的非线性和动态过程构成的网络。参与主体的自组织互动模式以及不同创新系统的制度框架构成了创新网络，是一种基于知识密集型的创新网络模型。也有学者提出创新网络包含知识网络、技术网络、市场网络等多种网络类型，不同类型的创新网络的内容与功能各异。

从空间角度来看，创新网络是指区域内一组相互依存的关系，是区域内多个主体为实现互动学习和创新活动，在互动学习和创新过程中形成的正式与非正式的关系总和。按照其形成机制，区域创新网络大致可分为内生性创新网络（endogenous innovation network）和外生性创新网络（exogenous innovation network）。

二、科技成果转化网络

（一）科技成果转化的内涵

"科技成果转化"这一术语目前主要用于我国国内层面。科技成果转化是将研究成果转化为产品、服务的过程。2015年修订后实施的《中华人民共和国促进科技成果转化法》指出：科技成果转化，是指为提高生产力水平而对科技成果所进行的后续试验、开发、应用、推广直至形成新技术、新工艺、新材料、新产品，发展新产业等活动。相比于国外的科技转移，我国的科技成果转化既强调科技成果的主体转移（科技成果由高等院校和科研院所等供给方向企业及衍生企业等需求方的转移），同时也强调科技成果的落地转化（科技成果在供给方内部被深度再开发和应用的过程，包括小试、中试、产品化、商业化和产业化等各阶段），即科技成果转化同时强调"转"与"化"两个层面。

国外则多用"technology transfer"（科技转移）、"commercialization of scientific knowledge / commercializing academic research"（科技知识商业化）、"university spins off"（大学衍生企业）来阐述科技成果转化的相关内涵。科技转移一般也称为技术转移。关于技术转移，联合国《国际技术转移行动守则

（草案）》（1985年6月5日）的定义较具有权威性：技术转移是关于制造产品、应用生产方法或提供服务的系统知识的转移。"technology transfer"（技术转移）是指将科学发现（如学术发明）从一个组织转移到另一个组织（即行业）以进一步发展和商业化的过程（McDevitt et al., 2014；Alkhazaleh, Mykoniatis, and Alahmer, 2022）。从这一定义来看，技术转移强调技术归属权或技术使用权的主体转移，不包含同一主体内所进行的价值转移。"commercialization of scientific knowledge/commercializing academic research"（科技知识商业化）是通过新的和改进的产品和服务将科学知识和技术带入市场（Kirchberger and Pohl, 2016）。这种商业化过程通常需要研究组织和公司之间的合作，以利用这些组织内的技术和市场知识（Clayton, Feldman, and Lowe, 2018）。"university spins off"（大学衍生企业）被认为是创业生态系统的核心支柱，因为它们已经成为从研究中创造价值和转让技术、将学术研究成果和知识产权商业化的常见方式（Guerrero et al., 2016）。

（二）科技成果转化的政策研究

现有研究主要采用定量分析的方法，通过对地区政策的梳理，评估科技成果转化效果，从而优化政策方案，进一步达到科技成果转化的目的。禹文豪和周治（2022）基于模糊思想与QFD方法，以长三角地区三省一市最新颁布的科技成果转化政策为切入点，通过5项科技成果转化政策功能、12项科技成果转化政策维度的重要度与实施效果分析，设计科技成果转化政策的有效性评价方法，得出长三角地区可以通过改善人才投入、融资支持、基础建设和信息服务4个维度的政策工具来提高科技成果转化政策的有效性。谢黎、杨华和张志强（2022）在政策文本计量分析基础上，借助BP神经网络模型，分析科技成果转化政策工具与转化效率的关联关系，评价不同政策工具在促进科技成果转化中的作用。史童等（2020）基于国内外学者研究成果并结合科技成果转化政策的特点，构建PMC指数模型，通过文本挖掘方法对科技成果转化政策进行量化评价，计算各项政策的PMC指数并绘制PMC曲面图。赵睿、李波和陈星星（2020）采用政策文本量化的方法，从政策力度、政策目标和政策措施等角度量化分析金融支持科技成果转化的相关政策并进行区域比较，同时以有效专利授权量作为衡量指标对科技成果转化率进行评价。方齐和谢洪明（2022）综合运用CFA和fsQCA方法，使用中国湖北、广东、上海、浙江4个地区160家转移机构数据，基于地区技术资源和机构组织情境，检验政策供给、政策协调、技术来源、机构实力、身份自治5个条件及不同条件组态对转化成效的效应。

(三) 科技成果转化的模式研究

从国际层面来看，按照地域特点划分，科技成果转化模式主要包括美国大学的概念证明中心模式（温兴琦、BROWN D、黄起海，2015）、日本大学的专利技术转移组织（technology licensing organization，TLO）模式（李晓慧、贺德方、彭洁，2018）、德国的史太白模式和弗劳恩霍夫模式（丁帅、许强，2020）、美国斯坦福大学和麻省理工学院的TLO模式（柳卸林等，2012）、瑞典的政产学合作模式（张浩和陈锐，2018）、瑞士的创新园区模式（李昱、王峥和高菲，2021）、以色列的创新孵化器模式（董洁等，2020）、韩国的"未来科技"模式（鲍悦华、张宇飞，2016）、英国的"创新加速器"模式（陈华、邓寒梅、师伟力，2021），以及加拿大的"协同创新平台"模式（杨红斌、荆秀艳、王鹏飞，2020）。

从国内层面来看，按照地域特点划分，科技成果转化模式主要包括"北京模式"（斯峒，2018）、"上海模式"（吴寿仁，2021）、"青岛模式"（王聘，2017）、清华大学的技术转移模式及中国科学院大连化学物理所的技术转移模式（柳卸林等，2012）、"中关村模式"（李佳霖，2015）、"全科盟模式"（霍国庆，2019）、北理工模式（龙腾，2023）、深圳模式（莎薇等，2023）和杭州模式（赵长伟、赵佳帆，2022）等。按照主体类型划分，科技成果转化模式主要包括自主转化模式（张瑞萍、历军，2019）、技术入股合作转化模式、产学研合作转化模式（叶晟洲，2019）、技术授权模式与合作开发模式（何丽敏、刘海波、肖冰，2021）、技术推广型模式和中介服务型模式（李麒、王雪、严泽民，2019）。按照转化条件或要素进行划分，科技成果转化模型主要包括中试基地转化模式与科技孵化器转化模式（叶晟洲，2019）、战略产业牵引互动模式和大科学装置依托模式（杨斌、肖尤丹，2019）、计划导向模式与市场导向模式（黄平等，2015）等。

(四) 科技成果转化的机制研究

国内外关于科技成果转化机制的研究主要从以下9个方面展开：①加强研究与生产的融合与合作；②建立健全评价体系；③完善政策保障机制；④建立技术转让、技术许可和商业化机制；⑤鼓励创新、创业和风险投资；⑥促进引进高质量技术和人才；⑦加强研发基础设施建设；⑧优化产业环境、完善技术创新体系；⑨收益分配优化和激励机制。

在加强研究与生产的融合与合作方面：邓向荣、羊柳肯和冯学良（2022）基于 2009—2018 年中国上市企业面板数据及通过 Python 爬虫和文本挖掘技术获得的企业微观数据，实证检验了国际合作研发对企业科技成果转化的影响效应及中间作用机制。

在建立健全评价体系方面：贾永飞和郭玥（2023）提出知识基因视角下科技成果转化需要科技 DNA、科技 RNA、酶和科技性状 4 个基本要素，并将科技成果转化过程划分为识别、转录、翻译、组合、扩散 5 个阶段，在此基础上构建科技成果转化评价指标体系；刘大勇、孟悄然和段文斌（2021）通过追踪 2006—2014 年中国 230 个城市的发明专利是否得到转化的信息，构建了城市层面的科技成果转化指标，系统考察了科技成果转化对地区经济发展动能的影响机制。

在完善政策保障机制方面：高振等（2023）运用系统动力学方法，构建高校科技成果转化系统动力学因果关系图和系统流图，通过 Vensim 软件仿真分析政策变动效应对科技成果转化的影响。

在建立技术转让、技术许可和商业化机制方面：胡凯和王炜哲（2023）深入分析了技术转移办公室（TTO）体制对高校科技成果转化的关键作用和内在机制，通过匹配高校"TTO-专利权转让"数据，运用 PSM-DID 研究发现，TTO 能够显著增加高校非合作专利转让、合作专利转让和专利转让总数，并且对非合作专利转让的影响更大。

在鼓励创新、创业和风险投资方面：黄涛等（2023）基于产权理论，剖析了高校横向科研经费的权利配置问题，并提出横向科研结余经费投资科技成果转化的治理机制。

在促进引进高质量技术和人才方面：宗倩倩（2023）指出高校科技成果转化的真正障碍是专利技术水平和转化价值低、专业转化人才与机构缺失、中试环节薄弱且资金匮乏，并提出改革专利管理体制和科研评价机制，提升专利质量并加大科学研究对企业需求的关照等建议。

在加强研发基础设施建设方面：蒋建勋和王宏伟（2022）基于 2008—2018 年 113 所 211 大学、省部级共建高校数据及 31 个省（自治区、直辖市）大学科技园数据，运用固定效应模型，实证研究了大学科技园管理机构人员及学历背景对高校科技成果转化绩效的影响及内在机制。

在优化产业环境、完善技术创新体系方面：晏文隽、陈辰和冷奥琳（2022）研究数字技术赋能创新链的突破路径，并以企业为数字赋能创新链的价值实现载体，提出重塑企业价值链、提升科技成果转化效能的机制。

在收益分配优化和激励机制方面：钟卫、沈健和姚逸雪（2023）以中美两国一流高校为研究对象，发现两者存在明显差异，中国高校对科技人员的奖励力度要明显高于美国；美国高校以内部激励为主，而中国高校主要使用内部激励与外部激励相结合的方式。两国高校科技成果转化发展阶段和发展模式的差异是造成收益分配机制不同的主要原因。龚敏、江旭和高山行（2021）以高校科技成果转化收益在高校与科研人员之间的分配过程为研究对象，创造性地将收益分配过程细化为收益"获取—划分—落实"三个阶段。然后对收益分配过程中造成科研人员激励失效的原因进行深入剖析，并针对存在的问题构建基于过程视角的高校科技成果转化收益分配机制，以期为解决高校科技成果转化收益分配激励失效问题提供思路。郑俊亮和储晶（2022）对现有激励机制中存在的财税激励不足、收益激励效应弱、作价入股难、国有资产属性衍生的风险规避，以及委托代理带来的激励兼容等问题进行分析，最后从政府、学校及企业三方提出相关的建议。

（五）科技成果转化的影响因素研究

科技成果转化是一个多主体参与、多目标并存的复杂过程，是一个复杂的系统性工程，是多种因素共同作用的结果。科研项目从选题立项，到科技成果完成研发，再到转化成现实生产力，受到研发主体内部因素、科技成果自身因素、外部需求因素、区域发展水平因素、政策环境因素以及成果转化综合服务因素等多方面的影响（郭鲁钢，2020）。

研发主体内部因素：吴寿仁（2022）梳理了科技体制改革以来中央提出的科技成果转移转化政策目标的演变过程，建立了科技成果转移转化系统分析模型，分别从科技成果供给端、需求端、服务端、科技成果质量、科技成果转化方式、科技人员参与度以及市场需求、要素资源配置、政策支持和外部环境等方面进行分析。贾康和茅宁莹（2020）基于三螺旋视角识别出医药科技成果转化的关键影响因素包括科研院校创新能力、医药企业创新能力、政府部门创新能力、医药接口组织数量和服务能力、利益分配以及风险分散。

科技成果自身因素：刘瑞明等（2021）指出制约科技成果转化效率的根本原因在于不完全产权引致的激励不足、定价不清与市场脱节。李泽枫

（2022）研究发现价值评估是促进科技成果转化的关键手段，其客观性、全面性和真实性对评价结果非常重要。

外部需求因素：邱启程等（2016）探讨了基于供给侧和需求侧视角的农业科技成果转化。霍国庆和唐露源（2023）指出科技成果转化的关键环节主要包括低成本获取共性企业技术需求、解析共性技术需求等。

区域发展水平因素：陈涛和张紫迎（2022）基于2019年高校专利权转让数据，构建高校专利权转让中介网络，利用社会网络分析法和QAP分析法，探索高校科技成果转化中介作用的区域特征和影响因素。结果表明，各省份的经济发展水平、人员流动、转化平台建设以及要素聚集和扩散能力对其高校科技成果转化中介作用的发挥均具有显著的正向影响。

政策环境因素：刘永千（2020）通过对上海204家企业、中介、高校院所、政府机构的问卷调查与数据分析，构建了相应的结构方程模型，发现上海科技成果转化面临供需两端问题。朱娅妮和余玉龙（2021）通过对长三角区域地方高校近5年科技成果转化的投入和产出情况进行比较，归纳出地方高校科技成果转化存在管理和政策配套不完善、产业化流程不完整、金融财税政策不健全、信息共享平台不完备等问题。姚思宇和何海燕（2017）运用Ordered Logit模型，证实科技中介机构转化服务能力对高校科技成果转化具有显著的正向影响，科技成果转化政策是科技成果转化的最大变量。

成果转化综合服务因素：袁传思和马卫华（2020）认为，除了创新文化、投入方式、专业人员等因素外，激励机制是影响新型研发机构知识产权转化的主要因素。莎薇等（2023）以中国科学院深圳先进技术研究院的探索性研究为典型案例，构建新型研发机构科技成果转化机制模型，分析新型研发机构推动科技成果转化过程中的动力机制和主要影响因素。

三、资本互投网络

（一）资本互投的内涵

资本互投即资本流动。关于资本流动的内涵理解，学者们纷纷提出各自的观点。例如，巴尔茨等（Baltzer et al., 2008）研究认为，金融资产的价格，即使存在差价，也会由于套利而最终趋同。惠（Hui, 2021）认为，由于资本市场收入的不确定性和信息的不对称性，预期的投资收益和风险会改变投资者的资本流动和方向，从而在一定程度上决定资本流动的规模和方向。

丁（Ding，2021）认为，在新古典增长理论中，受资本收益减少的影响，资本将从资本劳动比相对较高的富裕地区流向资本劳动比相对较小的贫穷地区。普善（Poshan et al.，2021）研究发现，资本市场一体化可以降低资本流动的波动性，从而提高区域对金融冲击的抵御能力。而国内学者许周港等（2015）认为，资本流动是资本从一个经济实体流向另一个经济实体，用于生产活动以获取利润，从而维持和增加资本或规避风险。牟小慧（2016）指出，只有当区域资本流动的未来收益大于成本时，资本才会从利润率低的地区流向利润率高的地区。叶淑云（2019）指出，资本流动是为了寻求更大的回报或更好的投资机会而在区域之间进行的资本分配。姚亚伟等（2021）研究认为，区域内的各金融经济主体间，逐步实现不受国家行政区域边界限制，直接进行投融资交易活动，其他金融机构也可以相对自由地进行跨地区联合经营。总之，现有的关于国内资本流动内涵的理解，一般认为是指资本在国内各地区、各行业之间的自由流动；市场力量决定了该地区金融资本的最优配置结果，资本逐利性使得资本在区域内流动，消除了区域内资本流动的系统性障碍。区域创新系统主要包括资源、主体以及环境等要素。其中，资源要素分为信息流、资金流、物流和人流，资金流是指主体间的资金流动。主体要素是指一定范围内进行创新的机构或组织所形成的关于创新关系的网络，分为直接创新主体（如企业和高校等）和间接创新主体（如政府和中介组织等）。

（二）资本互投的影响因素研究

相比劳动力等其他要素，资本更容易流动，市场完全的情况下，资本从回报率低的区域向回报率高的区域流动，改变了资本增长的区域格局，进而影响区域增长格局。准确把握资本流动的方向与规模及其影响因素，是认识区域发展格局变化的关键。资本流动和区域发展格局之间存在紧密的关联。

王小鲁和樊纲（2005）将国内资本流动分为市场主导和政府主导两种形式，认为在 20 世纪 90 年代，政府主导的资本流向西部，而市场主导的资本在利润的引导下主要流向了东部。郭金龙和王宏伟（2003）认为 2000 年以前，中国内部资本主要从中西部地区流入东部地区，这主要是因为东部地区投资利润率较高，资本向东部聚集导致地区差距被拉大。任晓红（2011）在对中国省际资本流动影响因素的实证分析中发现交通基础设施存量对资本流动具有影响作用。在作用机理方面，王垚和年猛（2014）发现，高铁开通对国家产生收缩效应，缩短了区域间距离，同时显著提高了要素流动速度。进一步的研究则发现，交通基础设施建设存在经济分布效应，它不仅能推动经济发展，促进要素空间上的转移，而且会提高高铁沿线区域的经济联系强度。王曦等（2014）探讨中央投资对地区间资本流动的影响，通过在实证方程中引入中央投资的空间滞后和地方市场特征更细致地分析中央投资对区域资本流动的影响机制。张鑫和（2023）研究发现数字创新通过提高企业生产率、降低营业成本和缓解代理问题促进企业异地投资，进而推动宏观层面城市间的资本流动。朱国忠等（2014）研究指出，资本跨区域流动可以通过提高地区互动频率，加速地区收敛。萨克斯等（Sachs et al.，2013）认为，地区的开放程度越高、交流越频繁，国家的区域收敛速度越快。创新水平较高的地区可以利用资本的趋利性特征聚集更多资本，用于创新活动开展，而资本流动对劣势地区的创新驱动力明显较弱。资金吸引的不平衡性会进一步扩大创新差距，区域创新水平呈现扩散趋势。马光荣等（2020）发现，交通基础设施的兴建，搭建了区域沟通平台，但对资本流动的收敛性起相反作用。高铁开通使大城市出现产业集聚和技术人才涌入现象，资本更多地从中小型城市流入生产率更高的大城市。王钺等（2016）研究发现，资本流动对创新活动的影响具有地域差异，资本流动显著推动全国和东部区域创新发散，对中西部地区的影响不显著。吕海萍等（2018）的研究结果显示，资金经费的空间联系对区域创新绩效有正向的间接效应、直接效应以及总效应。李诗琪等（2021）的研究结果显示，研发要素的流动明显提升了区域创新发展水平且具有明显的区域差异。少部分文献认为资本的流转有助于区域创新项目演化，积极引导资本流向更具有价值的创新项目，有利于提高区域创新水平，缩小区域创新差距，而大部分文献支持了资本流动的"卢卡斯悖论"。

四、研究评述

在科技成果转化相关研究方面，已有研究文献主要围绕具体的案例进行分析，国内外关于科技成果转化的研究文献讨论了影响创新转化成功的几个因素，包括资金、知识产权、市场需求、人力资本和制度支持、公司和战略合作伙伴关系、强有力的专利保护、有效的风险投资网络等。然而，现有研究的主要缺点之一是大多数研究都集中在个别案例或特定行业，很少从科技成果转化的整个系统来进行影响因素综合分析，导致研究结果会限制相关性和适用性。同时，已有研究方法主要集中于测度创新效率，关于科技成果转化效率指数的研究较为鲜见。既有研究多从理论视角开展定性分析，尚未系统、完整地回答如何创新科技成果转化机制，且未对北京区域进行有针对性的定量研究。

在资本互投相关研究方面，现有研究对资本互投的内涵、动机、影响因素及其对区域创新的影响进行了较为深入的探讨，但也存在一些不足。首先，多数研究侧重于宏观层面的分析，缺乏对个体经济主体资本互投行为的微观机制研究。其次，关于资本流动对区域创新的影响分析较为笼统，未能充分考虑不同类型创新活动（基础研究、应用研究、开发研究等）与资本流动之间的复杂关系。

第四节　数字经济网络的研究综述

一、数字经济的内涵

伴随着信息通信技术持续创新、融合扩散，人们对数字经济内涵外延的认识也在不断深化：从 1962 年马克卢普提出"信息经济"（information economy）与"知识产业"（knowledge industry），到 1977 年波拉特按照四次产业对信息经济加以界定；从 1996 年经济合作与发展组织（OECD）提出"以知识为基础的经济"（knowledge based economy），到世纪之交"数字经济"（digital economy）、"网络经济"（network economy）、"虚拟经济"（virtual economy）、"互联网经济"（internet economy）等新概念的涌现，无不反映了人们对数字经济新实践的新理解和新认识。这些概念的相继提出体现了人们对以信息技术为核心的产业变革与升级的理解不断深化。2021 年，国家统计局将数字经济概念明确为：数字经济是指以数据资源为关键生产要素、以现代信息网络为重要载体、以信息通信技术的有效使用为效率提升和经济结构优化的重要推动力的一系列经济活动。关于数字经济的衡量，不同学者各有侧重。从产业的角度看，现有研究将数字经济分为数字产业化和产业数字化两大组成部分[1][2]；从发展条件与作用特征的角度，现有研究认为数字经

---

[1] 王娟娟. 我国数字经济的"两化"发展与区域比较 [J]. 中国流通经济, 2023, 37 (1): 12-23.
[2] 王开科, 吴国兵, 章贵军. 数字经济发展改善了生产效率吗 [J]. 经济学家, 2020 (10): 24-34.

济涵盖数字产业、数字平台、数字基础设施、数字素养、数字治理以及数字技术等内容[①]。

二、数字经济网络的研究现状

传统的关于区域产业空间结构和升级的研究大多是基于产品空间理论进行的。产品空间理论是指一国或地区的要素禀赋信息（注册资本、专利技术等）包含于其生产的产品之中，产品的空间结构决定了其比较优势的演化路径，最终反映到其经济增长情况上。由于国际贸易层面、省级之间的进出口产品数据容易获取，现有研究多基于出口数据从国家尺度、省阈尺度进行分析。刘守英和杨继东（2019）利用产品空间理论讨论了1995—2016年全国出口产品的结构，利用详细的各省—行业出口数据，在省级层面讨论了不同地区在产品空间理论指引下进行产业转型升级的可能路径。张其仔和李颢（2013）运用产品空间理论对中国近期的潜在优势产业进行预测，对不同邻近性阈值条件下产业的演化轨迹进行了充分讨论。张亭和刘林青（2016）基于中国的产品空间和美国的产品空间对比，认为中美两国比较优势产品存在差异，伴随美国"去工业化"加速，中国制造业的发展迎来了一个很好的"机会窗口"。在分析产业转型升级路径的方法上，国内外的一些学者也已经重点研究了运用产品空间理论分析中国产业升级过程。孙天阳、许和连和王海成（2018）基于2000—2006年企业出口数据，发现企业出口存在一定的路径依赖，与当地其他企业的产品关联和市场邻近有助于提升出口扩展边际表现。张亭和刘林青（2017）对比了中日产品的复杂度和产业升级关系，但是没有描述全国整体产品空间和产品复杂度的时间演变。如何挖掘更为丰富的数据，以便能从更细尺度（如地级市视域）探究产业空间结构，成为当前亟待解决的问题。

目前关于数字经济产业空间结构和产业升级的研究依然比较匮乏。在数字经济数据对象选取方面，赵涛、张智和梁上坤（2020）基于互联网发展和数字普惠金融两个维度选取互联网宽带接入用户数、计算机服务和软件从业人员数、电信业务收入、移动电话用户数、数字普惠金融指数来测度城市数

[①] 戴魁早，黄姿，王思曼. 数字经济促进了中国服务业结构升级吗？[J]. 数量经济技术经济研究，2023，40（2）：90-112.

字经济发展水平，并基于企业工商注册数据探讨了数字经济促进城市高质量发展的效应及其背后机制。在研究理论方法的选取方面，蒋瑛、汪琼和杨骁（2021）基于数字经济投入与产出维度选取信息传输、计算机服务和软件从业人员比重、国际互联网用户数、电信业务总量、年末移动电话用户数和邮政业务总量来衡量区域数字经济发展水平，发现数字经济的发展对全球价值链嵌入的产业升级有加强效应。在大数据时代，数据的来源更为丰富和多样，为基于大数据的研究方法研究经济学问题提供可能，因此，需要挖掘更为丰富的大数据来探究数字经济产业的发展规律。

此外，在理论模型和方法的选取上，现有关于数字经济产业的研究主要是基于计量经济学模型开展的，缺少更多方法的探讨。复杂系统方法是一类可以在微观、中观和宏观层面洞察社会经济系统中个体之间的交互关联和涌现行为的方法，也为区域产业空间结构和升级机理的研究提供新的研究方法。有学者利用不同区域的公司专利数据分析了中国省级区域的经济复杂度，发现经济复杂度和区域收入不平等之间的关系（Gao and Zhou，2018）。邓向荣和曹红（2016）发现产品间生产能力的相似性对产品升级能否顺利实现起到决定性作用。汪寿阳等（2021）指出随着新一代信息技术的快速发展，系统的复杂程度不断提高，并提出了复杂管理系统结构特征分析、基本性质与演化机理研究等五个典型的科学问题。因此，利用复杂系统和复杂网络理论，对社会经济系统进行研究，成为当前交叉研究的热点，但目前针对数字经济产业的研究还比较少见。陈晓东和杨晓霞（2021）基于灰关联熵与耗散结构理论，发现数字经济对我国产业结构升级具有明显的阶段性特征。

三、研究评述

在对产业空间结构演进和升级的研究中，已有文献大多数是基于进出口数据从国家尺度、省级尺度进行的分析。这类研究往往利用详细的国家间进出口贸易数据、各省—行业出口数据，讨论不同区域在产品空间理论指引下进行产业转型升级的可能路径，但是更细尺度（如地级市视阈）的讨论因数据不易获取尚未展开。在本书第七章，笔者将通过大数据技术，采集地级及以上298个城市数字经济产业的48个细分类别数据，从一个全新的数据视角探究数字经济产业的空间结构演变和升级问题。

在分析产业转型升级路径的方法上，国内外的学者重点研究运用产品空间理论分析产业升级过程，但是还缺乏从要素禀赋视角对产业空间结构演变的探讨，同时也需要结合更多方法对社会经济复杂系统做更进一步的探讨。本书从要素禀赋视角对数字经济产业展开更细尺度的整体分析，运用复杂网络理论对改革开放40多年来各时期数字经济产业结构演化特征进行分析和识别。同时，结合地理数据进一步分析不同城市数字经济产业转型和升级的路径选择，揭示数字经济产业转型和升级的两种学习效应机理，即"邻近学习"效应和"相似技术学习"效应。辨识不同要素禀赋下的区域数字经济产业升级机理，有利于城市实现精准数字化转型和升级，缩小城市间比较优势差距，最终实现共同富裕。

第三章 多层网络的基本概念与表示方法

网络科学是将现实的物理、生物、经济和社会系统抽象为由节点和连边组成的网络,对其结构特征、动态演化等规律进行研究的交叉理论。大多数复杂网络的研究都是将现实系统抽象为单个网络。然而现实世界中各类系统之间并非孤立的,而是相互联系的。例如,交通系统中航空与铁路运输网络的复合,计算机网络中服务器与终端系统的依存,电力基础设施中电站与计算机中控系统的交互控制,社会网络中现实的人际关系网和在线人际关系网之间的复合重叠,金融市场与实体产业的交织影响等。因此,近年来,复杂网络研究的焦点逐渐开始自单个网络转向多层网络(Domenico et al., 2016)。

多层网络在精确表示复杂系统方面的潜力已经得到巨大的发展。多层网络可用于许多复杂系统的建模。例如,人类之间的关系包括不同种类的互动,比如家庭成员、朋友和同事之间的关系,它们构成了多层社交网络。在交通运输、生态、神经科学和许多其他领域的自然和人造系统中,也会自然地出现不同层次的多层连接。

第一节 复杂网络相关概念

一、复杂网络的表示和构建方法

当获取到复杂网络数据时,首先要对网络进行表示,以方便后续分析处理。常用的表示方法包括网络图描述方法和网络的矩阵表示方法。网络图描述方法是基于图论理论建立的,优点是简洁直观。网络图描述方法的基本思想是定义网络中的节点(如人或物),节点本身具有一定的属性(如年龄或价格)。然后,根据节点之间可能的联系构建链路(如朋友关系或相似关系),设置链路的权重大小(亲密程度或相似程度)以及方向(有向或无向),最

终构建出网络图 $G = (V, E, T)$。其中，V，E，T 分别表示网络图 G 的节点集合、链路集合和当前的时间标记。网络图 G 的节点集合 V 的规模一般表示成 $|V|$ 或变量 N，其中的元素为 v_i，表示 i 节点。链路集合 E 的规模是 $|E|$，其中的元素 e_{ij} 表示节点 i 和 j 之间的链接关系。若 $e_{ij} = 1$，表示节点 i 和 j 之间存在链路，否则节点 i 和 j 之间不存在链路。若网络中任意节点 i 和 j 之间都有 $e_{ij} = e_{ji}$ 成立，则为无向网络，否则为有向网络。若网络中任意节点 i 和 j 之间的链路 $e_{ij} = 1$，则为无权网络，否则为有权网络。若网络节点集合 V 包含同一种类型的实体，则为同质网络，否则为异质网络。

网络的矩阵表示方法，实质上是在网络图描述的基础上，利用矩阵论相关知识，将其转换成矩阵的表示形式。其优点是利用编程计算。常用的矩阵形式有邻接矩阵和关联矩阵，前者描述网络中各节点之间的关系，而后者描述网络中节点和边之间的关系。

邻接矩阵是复杂网络中最常用的表示方法。以一个节点个数为 n 的网络 G 为例，其邻接矩阵可以表示为矩阵 $A_{n \times n}$，即这个矩阵是 n 行 n 列的方阵，其中的元素表示为 a_{ij}，若 $a_{ij} = 1$，则意味着节点 i 和 j 是邻居关系，否则，节点 i 和 j 不是邻居关系。图 3-1 展示了一个人工生成的网络图。

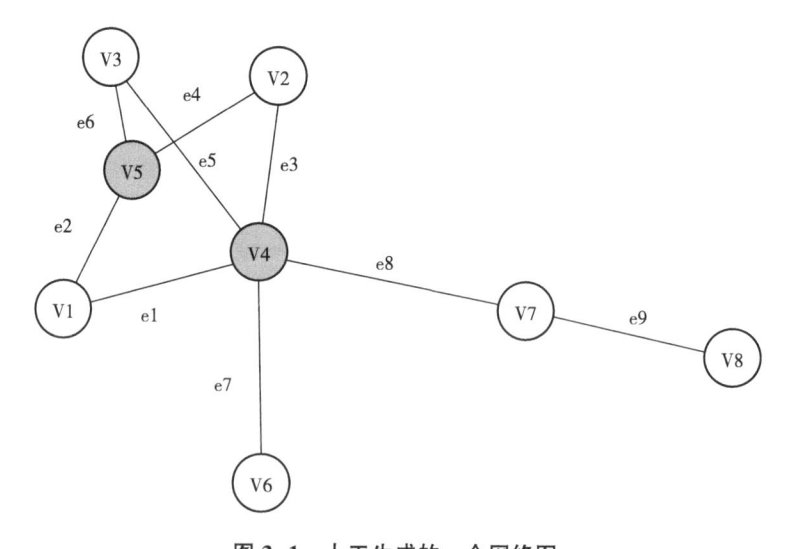

图 3-1 人工生成的一个网络图

基于图 3-1 所示的网络图构建的邻接矩阵表示如下：

$$\begin{array}{c} \quad V1 \quad V2 \quad V3 \quad V4 \quad V5 \quad V6 \quad V7 \quad V8 \\ \begin{array}{c} V1 \\ V2 \\ V3 \\ V4 \\ V5 \\ V6 \\ V7 \\ V8 \end{array} \left[\begin{array}{cccccccc} 0 & 0 & 0 & 1 & 1 & 0 & 0 & 0 \\ 0 & 0 & 0 & 1 & 1 & 0 & 0 & 0 \\ 0 & 0 & 0 & 1 & 1 & 0 & 0 & 0 \\ 1 & 1 & 1 & 0 & 0 & 1 & 1 & 0 \\ 1 & 1 & 1 & 0 & 0 & 0 & 0 & 0 \\ 0 & 0 & 0 & 1 & 0 & 0 & 0 & 0 \\ 0 & 0 & 0 & 1 & 0 & 0 & 0 & 1 \\ 0 & 0 & 0 & 0 & 0 & 0 & 1 & 0 \end{array} \right] \end{array}$$

一般情况下，复杂网络的邻接矩阵都是稀疏的，上述矩阵中大部分元素为0，特别是对于大规模复杂网络，这种稀疏性更为明显。此时，可以使用邻接矩阵的稀疏表示法进行表示。稀疏表示法可以写成<i, j, 1>三元组的形式，即将网络中所有非0元素写成这种三元组形式进行存储，表示从i到j存在链路关系，而对于邻接矩阵中的0元素不进行显示。因此，针对上述邻接矩阵，利用稀疏表示法可以表示如下：

(V1, V4) 1
(V1, V5) 1
(V2, V4) 1
(V2, V5) 1
(V3, V4) 1
(V3, V5) 1
(V4, V6) 1
(V4, V7) 1
(V7, V8) 1

关联矩阵也是复杂网络表示的一种重要方法，它描述了节点与各条边之间的关系。对于一个节点个数为n，链路条数为p的网络G而言，它的关联矩阵M可以表示为$M_{n \times p}$，即n行p列的关联矩阵。其中的元素$m_{ij}=1$，则表示第i个节点是第j条边的端点；否则，表示第i个节点不是第j条边的端点。图3-1网络所对应的关联矩阵形式可以表示为：

$$\begin{array}{c}\quad\ e1\ \ e2\ \ e3\ \ e4\ \ e5\ \ e6\ \ e7\ \ e8\ \ e9\\ \begin{array}{c}V1\\V2\\V3\\V4\\V5\\V6\\V7\\V8\end{array}\left[\begin{array}{ccccccccc}1&1&0&0&0&0&0&0&0\\0&0&1&1&0&0&0&0&0\\0&0&0&0&1&1&0&0&0\\1&0&1&0&1&0&1&1&0\\0&1&0&1&0&1&0&0&0\\0&0&0&0&0&0&1&0&0\\0&0&0&0&0&0&0&1&1\\0&0&0&0&0&0&0&0&1\end{array}\right]\end{array}$$

在本书中，将京津冀各区域作为金融空间结构网络中的"点"，区域间金融空间关联关系作为网络中的"线"，"点"与"线"组成了区域金融空间结构关联网络。其中，区域间金融空间关联网络分析离不开金融空间关联强度的确定。现有文献关于区域间关联关系的确定主要采用引力模型。本书采用修正引力模型来计算京津冀区域间金融空间联系的关联强度，即引力值通常会与各区域金融机构数量、金融规模体量、金融从业者人数成正比，与区域间距离成反比。这里充分考虑实际交通与地理条件的影响，采用区域间的地理距离来表征。依据引力模型计算结果将属性数据转换为关系矩阵，求出各区域间的金融空间关联强度矩阵，并以矩阵各行平均值为参照值，同一行中关联强度高于该参照值则设置为1，意味着该行表示的区域与该列表示的区域具有显著的金融空间关联关系；否则取0，即该行表示的区域与该列表示的区域不具有显著的金融空间关联关系。

二、复杂网络分析方法

本书利用复杂网络分析方法对网络的中心性进行计算，采用的典型中心性指标有度中心性、平均度、加权平均度、邻近中心性、介数中心性、网络直径、平均路径长度、网络密度、度中心势、邻近中心势、介数中心势等。各指标计算公式的详细介绍参见达斯、萨曼和帕尔（Das, Samanta, and Pal, 2018）。

（1）度中心性（degree centrality）：某个节点 i 的度中心性，是指所有与节点 i 相连边的数目之和。计算公式为：

$$k^i = \sum_j a_{ij} \tag{3-1}$$

式中：a_{ij} 是复杂网络所对应的邻接矩阵元素，若节点 i 和节点 j 有边相连，则 $a_{ij}=1$；否则，$a_{ij}=0$。这个指标衡量了节点对其邻居节点的影响力。在此基础上，若将所有节点的度中心性值求和并除以总节点个数，则可以得到平均度；若考虑每条边的权值，则可以得到对应节点的加权平均度。

（2）介数中心性（betweenness centrality）：反映的是某个节点在网络中作为中间桥梁节点的能力大小。计算公式为：

$$B_u = \sum_{i,j} \frac{\sigma(i,u,j)}{\sigma(i,j)} \tag{3-2}$$

式中：$\sigma(i,u,j)$ 是指那些经过节点 i 或边 u 的节点 i 和节点 j 之间最短路径的比例。

（3）邻近中心性（closeness centrality）：反映的是某个节点在网络中和所有其他节点之间的联系紧密程度。计算公式为：

$$c(v_i) = 1 / \sum_j d(v_i, v_j) \tag{3-3}$$

式中：$d(v_i, v_j)$ 表示节点 i 和节点 j 之间的最短路径。

（4）平均路径长度：反映了网络中各个节点之间能够最快到达的平均路径长度。计算公式为：

$$\bar{L} = \frac{2}{N(N-1)} \sum_{i \geq j} d_{ij} \tag{3-4}$$

式中：d_{ij} 表示节点 i 和节点 j 之间的最短路径，N 表示网络中节点的个数。

（5）网络直径：是指网络中任意两个节点对之间的最短路径长度的最大值。计算公式为：

$$D = \max\{l_{ij}\} \tag{3-5}$$

（6）网络密度：是指网络中实际存在的连边个数除以网络可能有的最大的连边个数。计算公式为：

$$density = \frac{2L}{N(N-1)} \tag{3-6}$$

式中：L 表示实际存在的连边个数，N 表示网络中节点的个数。

（7）中心势：是衡量网络中各个节点中心性指标分布均匀的统计量。计算公式为：

$$C_D = \frac{\sum_{i=1}^{N}[C_D(n^*) - C_D(i)]}{[(N-1)(N-2)]} \tag{3-7}$$

其中，$C_D(n^*)$ 是网络中对应指标的最大值，N 为节点个数。当 $C_D(n^*)$ 为度中心性时，得到的计算结果为度中心势；当 $C_D(n^*)$ 为邻近中心性时，得到的计算结果为邻近中心势；当 $C_D(n^*)$ 为介数中心性时，得到的计算结果为介数中心势。

第二节 多层网络相关概念

多层网络（multilayer networks）是复杂网络中的一个重要的概念，它由多个复杂系统通过不同的方式相互连接、相互影响而构成。

多层网络不同于单个网络。单个网络中所有的节点和连边均是同质的，也就是说这些节点和连边具有相同的性质和特征，这种同质性使得单个网络在结构和功能上具有一定的简单性和一致性，从而便于分析和理解。例如，在一个社交网络中，如果所有节点都代表相同类型的个体（例如，所有节点都是朋友关系），那么这个社交网络就是一个同质网络。然而，在现实世界中，许多网络都是异质的，即节点和连边具有不同的性质和特征。例如，社交网络中的节点可能代表不同类型的个体（如朋友、同事、家人等），这些不同类型的个体之间存在不同的交互和联系模式。如何在网络科学中更精确地体现节点和连边的不同特质，是促使多层网络理论形成的科学原动力。多层网络理论的发展在不断突破单个网络节点和连边同质性的限制。基于节点异质、连边异质和同类节点间是否存在连边的组合，目前多层网络已形成如表 3-1 所示的几种代表形式。

表 3-1 多层网络代表形式

连边性质	节点同质	节点异质	
		同类节点不存在连边	同类节点存在连边
连边同质	单个网络	二分网或 K 分网	点异构的单个网络
连边异质	多维型多层网络	依存型多层网络	边异构的依存型多层网络

在网络科学中，多层网络是研究前沿和热点，它考虑了多种类型节点及其连边关系（包括层内连边和层间连边）。博卡莱蒂（Boccaletti et al., 2014）利用数学模型来描述多层网络，将多层网络视为由多个单个网络组成的网络集。每个单个网络构成一个网络层，用 (G, C) 表示整个多层网络，其中 G 是由一系列单个网络组成的集合，C 是不同层的节点之间的连边集合，进而

形成网络层内的邻接矩阵和网络层间的邻接矩阵（adjacency matrix）。基维拉等（Kivelä，2013）考虑多层网络中同一层的网络节点之间存在多重类型连边的情况，即同一层的网络又可进一步分为"亚层"，提出用张量分析的形式来表示这类多层网络整体的邻接矩阵。

多层网络理论有助于解释过去单个网络无法刻画的现象。目前，多层网络研究也开始从简单地扩展单层网络的概念与方法，发展到针对多层网络结构与实际问题定义相应的拓扑性质和动力学行为。

第三节　多层网络结构

依据拓扑结构特征，可将多层网络划分为多重网络（多路复用网络，multiplex network）、时序网络（temporal network）、自适应网络（adaptive network）、相互依赖网络（interdependent network）等不同的类型。

图 3-2 是两层网络示意图，图 3-3 是四层网络示意图，每层的节点数目是相同的，但是各层有不同的拓扑结构，连接边可以是有向边或无向边的，可以是加权边或无权边，而层间连接是沟通不同层的渠道，也可以是有向或无向、加权或无权的。所以，在层内连接和层间连接关系给定后，多层网络的结构就完全确定了。网络的结构（也就是网络各节点之间的相互作用关系）完全由网络所对应的拉普拉斯矩阵决定。所谓拉普拉斯矩阵，它的第 i 行第 j 列元素就是网络的第 j 个节点对第 i 个节点的作用。在无权网络中，如果第 j 个节点与第 i 个节点有连接，则矩阵的第 i 行第 j 列元素为-1，否则为 0；并且保持矩阵的每一行元素之和为 0。这样，网络的结构就与矩阵一一对应了。而拉普拉斯矩阵在数学上非常好的性质，为研究网络提供了有力的工具。研究发现，网络拉普拉斯矩阵的特征值能够反映网络的某些重要的动力学（如传播、同步等）特性。下面我们考虑一个每层 N 个节点的 M 层多重网络。

假设层间连接是相同的，无向全连接无自环。我们称整个多层网络拉普拉斯矩阵为超拉普拉斯矩阵 L，它可以分解成层内超拉普拉斯矩阵 L^L 和层间超拉普拉斯矩阵 L^I 两部分。

$$L=L^L+L^I$$

其中，层内超拉普拉斯矩阵是各个层内的拉普拉斯矩阵的直和。

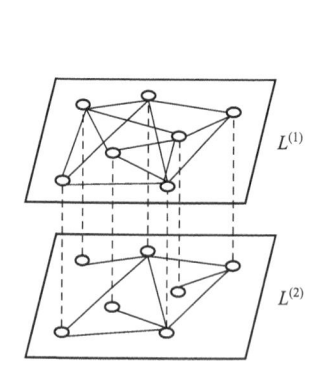

图 3-2　两层网络示意图

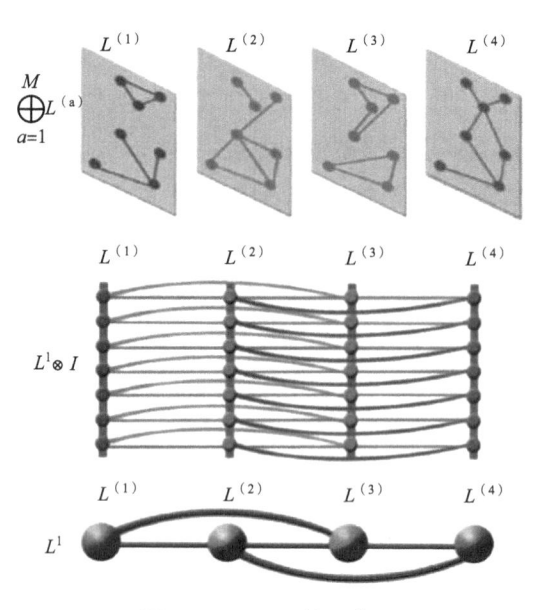

图 3-3　四层网络示意图

注：上面图表示层内超拉普拉斯矩阵是各层的层内拉普拉斯矩阵的直和；中间图表示层间超拉普拉斯矩阵是层间拉普拉斯矩阵和单位矩阵的张量积；下面图表示层间的连接。

资料来源：SOLE - RIBALTA A, DE DOMENICO M, KOUVARIS N E, et al. Spectral properties of the Laplacian of multiplex networks [J]. Phys. Rev. E, 2013, 88: 32807.

$$L^L = \begin{pmatrix} L^{(1)} & 0 & \cdots & 0 \\ 0 & L^{(2)} & \cdots & 0 \\ \vdots & \vdots & & \vdots \\ 0 & 0 & \cdots & L^{(M)} \end{pmatrix} = \bigoplus_{\alpha=1}^{M} L^{(\alpha)}$$

层间超拉普拉斯矩阵是层间拉普拉斯矩阵和单位矩阵的张量积。

$$L^I = L^l \otimes I$$

层间超拉普拉斯矩阵 L^I 谱等于层间拉普拉斯矩阵谱 L^l 的 N 重。也就是说，层间拉普拉斯矩阵 L^l 的谱也是整个多层网络的超拉普拉斯矩阵 L 的特征值。这些就是分析多层网络结构和谱特性的最基本关系。这些特征值一般不容易得到解析表达式，但是对于几种特殊情况是可以得到解析表达式的。

第四节　多层网络的跨层链接

传统的复杂网络自然方法主要集中在这样的情况下：每个系统的成员被绘制成一个网络节点，每个单元—单元交互值表示为一个数字，量化对应图的连接的权重。然而，容易发现，在这样一个等价的基础上处理所有网络的链接是一个很大的约束，有时可能导致无法完全捕获某些现实问题中存在的细节，甚至导致对现实网络中发生的某些现象的错误描述。社会网络分析是行为科学、经济学、市场营销和工业工程中最常用的研究范式之一，但部分关于社会网络真实结构的问题仍未被完全理解。一个社会网络可以描述为一组人以及他们之间具有的某种联系。这样暗含了一种假设，即网络成员之间的所有联系或社会关系都发生在同一水平上。但实际情况却并非如此，社会网络成员之间的实际关系发生在不同的群体内部，需将每个社会群体划分成不同的互动层，并在每一层上分别操作传播过程①。

大多数复杂系统包括多个子系统和连接层，它们通常是开放的、有价值的、定向的、多级别的、多元化的、可重构的系统，并且位于不稳定和不断变化的环境中。它们通过影响本地和全局范围内的子系统和组件内部和外部动态交互来发展、适应和转换。随着对复杂系统的研究日益成熟，超越简单的网络并研究更复杂但更现实的框架变得越来越重要。例如，边经常表现出异构的特性：它们可以被定向，具有不同的强度，只存在于不同集合的节点之间，例如二模网络。

多层网络的构建方式有助于我们对现实的描述与理解。单个网络中的节点及其相互作用关系可以由邻接矩阵完整地刻画，这种建模方案可以很自然地扩展至多层网络。多层网络的矩阵表达也被称为超邻接矩阵或者分块矩阵。

下面给出多层网络的一般定义。一个含有 M 层的多层网络表示为 $G=(O,C)$，其中 $O=\{O_\alpha;\alpha\in\{1,\cdots,M\}\}$ 是一系列 $O_\alpha=(X_\alpha,E_\alpha)$ 的单层网络集合，$C=\{E_{\alpha\beta}\subseteq X_\alpha\times X_\beta;\alpha,\beta\in\{1,\cdots,M\},\alpha\neq\beta\}$ 是不同层 O_α 和 O_β 的节点之间的连边集合，$\alpha\neq\beta$。C 的元素称为交叉层，每个 $E_\alpha(\alpha\neq\beta)$ 的元素称为

---

① 吕承. 多层网络视角下多元主体的创新价值传递路径匹配与优化研究［D］. 西安：陕西师范大学，2022.

G 的层内连接,而每个 $E_{\alpha\beta}(\alpha\neq\beta)$ 的元素称为层间连接。

在其余部分中,我们将使用希腊字ℝ下标和上标来表示层索引。层 O_α 的节点集用 $X_\alpha=\{x_1^\alpha,\cdots,x_{N_\alpha}^\alpha\}$ 表示,每层 O_α 的邻接矩阵表示为 $A^{[\alpha]}=(a_{ij}^\alpha)\in\mathbb{R}^{N_\alpha\times N_\alpha}$,当 $1\leq i,j\leq N_\alpha$ 且 $1\leq\alpha\leq M$ 时,有

$$a_{ij}^\alpha=\begin{cases}1, & (x_i^\alpha,x_j^\alpha)\in E_\alpha \text{ 时}\\ 0, & \text{其他情况}\end{cases}$$

$E_{\alpha\beta}$ 对应的层间邻接矩阵是 $A^{[\alpha,\beta]}=(a_{ij}^{\alpha\beta})\in\mathbb{R}^{N_\alpha\times N_\beta}$,有

$$a_{ij}^{\alpha\beta}=\begin{cases}1, & (x_i^\alpha,x_j^\alpha)\in E_{\alpha\beta} \text{ 时}\\ 0, & \text{其他情况}\end{cases}$$

G 的邻接矩阵为 proj(G) = (X_G, E_G),其中

$$X_G=\bigcup_{\alpha=1}^M X_\alpha, E_G=(\bigcup_{\alpha=1}^M E_\alpha)\cup(\bigcup_{\substack{\alpha,\beta=1\\\alpha\neq\beta}}^M E_{\alpha\beta})$$

单层网络中节点中心性的度量同样可以拓展至多层网络中,然而现有研究对中心性等概念的延伸局限于多路复用网络或其他特定的网络形式。对多层网络中节点影响力的测度仍需要依据网络形式做出特别处理。

第五节　多层网络的应用

通过分析多层网络,可以解决不同应用领域的问题,如信息扩散、社会网络分析、智能交通、生物医学、生态学等。以社交网络为例,人们在不同的社交软件中会表现出不同的行为模式。例如:一个用户在Facebook或微信上一般只会与他们的朋友建立联系,而在Twitter或微博上则关注他们感兴趣的人。同一用户在不同的社交软件上呈现出不同视角的社会行为,这种丰富的用户特征和社交信息有助于构建更加准确的用户档案。因此,具有多个来源和视图的多层网络数据非常值得探索,能够利用其丰富的信息提高复杂网络分析的质量。

事实上,由几个网络的相互作用关系刻画的复杂系统普遍存在。例如:在社会系统中,不同类型的社交关系(朋友、同事、亲属等)能够被抽象成不同的网络层,进而代表友谊、协作、家庭等社会关系;基础设施系统可以通过区分不同的运输工具(公共汽车、地铁、火车、飞机等),进而研究基础设施系统应对突发灾难的能力;经济体系中有分别以时间和商品类型为层标

签建立多层的国际贸易网络；还有以不同的时点为层标签对邮件网络、论文合作网络等建立多层网络；大脑系统中，不同脑功能区的相互作用可能有所不同，用一个全面的多层框架来研究大脑系统可以处理不同类型相互作用之间存在的差异。复杂系统的时空多尺度特征通过多层网络建模及分析，可以揭示系统拓扑性质与演化机制。已有的多层网络研究在理论上主要关注网络的拓扑结构、动力学、功能以及它们之间的关系，同时在社会经济系统、生态和生物系统等领域进行了应用。这些研究已取得了一系列重要且有影响力的成果，如多层网络理论研究、耦合网络传播、时序网络以及相互依存网络鲁棒性和抗毁性。

第四章 京津冀协同发展现状与分析

第一节 京津冀金融协同发展情况

一、区域金融资源分布

(一) 京津冀银行业发展水平对比分析

区域资金汇聚的多少能充分体现该区域的综合实力和发展潜力。从表4-1可知,从金融机构本外币存款余额来看,北京金融机构存款余额明显远高于天津、河北两地。河北排在第二位,天津最低。2012—2022年北京金融机构资产总额可达到天津和河北银行类金融机构资产总额之和的1.5倍左右。2022年北京金融机构本外币存款余额为218 628.8亿元,约为天津的5.4倍,约为河北的2.2倍。

表4-1 年末全部金融机构人民币各项存款余额　　单位:亿元

年份	北京	天津	河北
2012	84 837.30	20 293.79	34 013.00
2013	91 660.50	23 316.56	39 221.30
2014	100 095.50	24 777.75	43 454.90
2015	128 573.00	28 149.37	48 550.90
2016	138 408.90	30 067.03	55 513.30
2017	144 086.00	30 940.81	60 033.00
2018	157 092.20	30 983.17	65 910.20
2019	171 062.30	31 788.78	72 884.50

续表

年份	北京	天津	河北
2020	188 081.60	34 145.00	80 895.20
2021	199 741.50	35 903.09	88 589.50
2022	218 628.80	40 488.25	99 818.30

资料来源：北京、天津、河北相应年份的国民经济和社会发展统计公报。

(二) 京津冀证券业发展对比分析

如表4-2所示，京津冀三地证券市场融资金额虽然有起伏，但整体而言，三地证券交易额呈增长趋势，且北京的证券市场交易额远超天津和河北两地。2018年，北京的证券交易额是天津的24倍多，是河北的22倍多，是天津和河北交易总额的11倍多。

表4-2　全年各类证券交易额　　　单位：亿元

年份	北京	天津	河北
2012	85 412.90	10 743.11	9 900.00
2013	145 932.70	16 696.40	17 000.00
2014	232 318.60	25 400.20	26 000.00
2015	597 169.70	67 040.06	75 000.00
2016	421 962.90	43 811.79	42 800.00
2017	446 308.30	43 527.96	42 797.50
2018	911 465.70	37 183.74	41 000.00
2019	946 426.00	39 933.63	50 000.00
2020	1 260 000.00	61 342.3.	—
2021	1 801 000.00	66 785.01	
2022	1 846 000.00	68 246.33	

资料来源：北京、天津、河北相应年份的国民经济和社会发展统计公报。

(三) 京津冀保险业发展对比分析

如表4-3所示，从保险保费收入来看，北京保费收入一直高于天津、河北两地。河北省排在第二位，天津最低。天津和河北虽然在规模上有所增长，但与北京相比仍有较大差距。2012—2016年，北京保费收入接近天津和河北保费收入之和。2022年，北京保费收入是河北保费收入的1.3倍多，是天津保费收入的4倍多，比天津和河北保费收入总额还多。

表4-3 保险公司保险保费收入　　　　　　　　　　单位：亿元

年份	北京	天津	河北
2012	923.10	238.16	766.20
2013	994.40	276.80	837.60
2014	1 207.20	317.75	931.90
2015	1 403.90	398.34	1 163.10
2016	1 839.00	529.49	1 495.30
2017	1 973.20	565.01	1 714.40
2018	1 793.30	559.98	1 790.60
2019	2 076.50	617.89	1 989.20
2020	2 302.90	672.09	2 088.60
2021	2 526.90	660.47	1 994.50
2022	2 758.50	670.21	2 042.50

资料来源：北京、天津、河北相应年份的国民经济和社会发展统计公报。

综上所述，北京的金融资源水平普遍高于天津和河北。从变化趋势看，十年来三地金融的发展均呈现出增长的态势，其中，北京的增长速度和规模更为显著。通过对比分析，可以明显看出京津冀地区金融发展的不均衡性，需要推动区域金融协同发展和优化金融资源配置。

二、区域金融协同存在的问题

（一）区域经济一体化程度低

一是区域经济一体化程度低会限制区域金融协同发展。由于京津冀地区经济发展长期各自为政，自我封闭，不仅京津对河北经济缺乏辐射效应，京津两地还存在某种程度的竞争。区域内缺乏对金融协同发展的需求，缺乏对金融基础设施建设互联互通的需求，金融市场的融合和创新不足，难以形成金融资源区域整体利用，更谈不上区域整体金融配置效率的提升。二是京津冀区域国有企业比重过高，民营企业不如长三角、珠三角地区发展活跃，经济发展的政府主导性强，两市一省之间的行政壁垒森严。虽然三地是省级架构，但是北京凭借其中央所在地的身份，实际上与天津、河北之间存在着明显的行政级差，难以形成有效的平等沟通机制，行政区利益心态过重，阻碍了资本、劳动力等要素特别是金融资本的优化配置。京津冀地区缺乏统一的要素市场，要素配置的市场化水平较低。三是京津冀产业布局缺乏统筹，融合发展和错位发展不够，产业同构和产业链断裂并存。发展定位衔接不够，没有形成相互衔接的产业发展链条，产业联系弱，京津产业过度集中，河北产业过度分散。北京早已进入工业化后期，经济发展重心向第三产业转移，是典型的总部经济，难以扩散和转移。河北则处于工业化中期，以资源型重工业为主，与北京的发展阶差过大，产业承接难。2015年6月出台的《京津冀协同发展规划纲要》，从基础设施建设、产业结构调整到区域协调运行和政策制定，都做出了详细规划。京津冀协同发展虽已有一系列重大基础设施开工建设，一批产业项目陆续转移，但协同发展格局尚未真正形成，京津地区经济增长带动河北周边地区经济发展的效果并不明显，尚未真正形成融合互动的发展格局。京津冀企业跨区域发展还处于低水平，环绕京津地区的市县，互设总部和营销研发、生产部门的企业较少，京津向河北跨区域发展的企业也不多，而且行业布局较为分散，未形成企业跨区域融合发展的示范带动效应和规模优势。实践证明，只有企业主动融合才能实现真正意义上的经济一体化，才是区域振兴的根本。

（二）金融发展程度不平衡

从社会融资规模与GDP相关性来看，京津冀三地金融深化程度差距较大。社会融资规模增量与GDP的比重可以衡量金融介入实体经济发展的程度。2022年，北京市社会融资规模增量为1.5万亿元，天津全年全市社会融资规模增量为3 429亿元，河北社会融资规模增量为8 795.8亿元，北京的社会融资规模比天津和河北的总和还多。2022年，北京市GDP为41 610.9亿元，社会融资规模与GDP之比为36.05%；天津市GDP为16 311.34亿元，社会融资规模与GDP之比为21.02%；河北省GDP为42 370.4亿元，社会融资规模与GDP之比为20.76%。

北京地区金融对实体经济的支持力度较大，金融资源的配置效率和利用率较高。北京作为国家政治中心、文化中心和科技创新中心，拥有大量的高新技术企业和研发机构，金融资本更多地流向了科技创新和高端服务业，促进了这些领域的快速发展，推动了经济结构的优化升级。天津和河北经济发展较为依赖传统制造业和重工业，金融资本对这些行业的支持可能面临较高的风险和不确定的回报率，导致金融资本介入程度不及北京。北京的金融市场更为活跃，金融服务实体经济的能力更强，反映了北京在经济发展中更加注重高新技术和服务业的发展，且具有较好的金融生态环境。综上所述，京津冀三地金融深化程度的差异及其对经济发展的影响凸显了区域金融发展不平衡的问题。为了推动京津冀一体化进程，需要进一步加强区域金融协同，优化金融资源配置，特别是加大对天津和河北的金融支持，提高这些地区金融服务实体经济的能力，促进京津冀区域经济的均衡发展和整体竞争力的提升。

（三）金融市场一体化程度偏低

在制度壁垒的阻碍下，京津冀区域金融市场一体化进程发展缓慢，主要表现为：缺乏统一的产业结构调整基金；缺乏统一的抵押质押制度；缺乏区域统一的信用体系和社会信用奖惩联动机制。京津冀金融服务跨区域便利程度低，支付清算、异地存储、信用担保等业务没有实现同城化便利，异地特别是跨行之间现金存取手续费偏高，跨区金融交易成本高。金融产品互通、互认、互联程度低，客户待遇差别化。住房公积金跨地区申请贷款只在河北省内部分相邻城市之间试点，使用面较小，跨区域资金存取以及跨省市申请贷款尚存在较大困难，这些都给经济协同过程中相关经营和交易业务的开展造成了不利影响。由于金融监管不成熟、市场风险防范能力薄弱等原因，目前京津冀区域资本流动仍然存在区域行政空间限制、资本市场一体化进程缓慢、协调机制不完善、现有的银行管理体制不健全、政府竞争与行政壁垒并存、金融基础设施建设不足、区域资本市场监管不够统一、法治环境不健全、信用体系建设滞后等问题，严重制约资本流动和一体化发展，从而导致资本配置效率低下。

（四）金融监管缺乏合作

目前我国的金融监管实行分业监管、垂直管理。京津冀三地金融监管机构由分属不同职能的银行、证券、保险监管部门派出机构组成，实行属地管理。各金融监管部门分支机构在行政区划分隔的情况下，对所管辖地区金融机构实施监督管理，着重考虑本地环境、政策和地方政府的行政要求，服务当地金融业发展，缺乏对金融机构跨区域经营活动的有效监管。加之信息沟通不畅，区域金融难以形成有效的监管合作，容易引发金融风险。天津作为金融改革和创新试验区，金融混业经营模式得到一定程度的发展，但在京津冀金融协同推进过程中，混业经营模式较分业经营模式更容易引致金融风险。各金融监管部门分支机构在分业监管职能明确的情况下，本身就很难对金融机构混业经营进行监管，更难对跨区域的混业经营风险进行监管。分业监管、属地管理的金融监管体制对京津冀区域金融监管协调提出了极高要求。目前的现实情况是，三地金融监管部门缺乏协调机制，缺乏合作平台，缺乏信息沟通交流机制，信息资源利用率低下，不仅市场准入政策不统一，在金融监管执行标准、监管方式、能力水平上也都不统一。

三、国际金融空间结构网络发展经验

著名城市评级机构全球化与世界城市研究小组自2000年起不定期发布《世界城市名册》，通过检验城市间金融、技术、创新知识流情况，确定一座城市在世界城市网络中的位置。世界城市指参与全球产业价值链的分工与协作，形成了资金、信息及人才等生产要素的空间集聚和跨区域流动的城市。从目前全球世界城市主要评估机构的指标来看，金融业发展水平和国际影响力是重要构成指标，包括证券交易所交易总额、国际金融机构数量、股票交易所数量及影响力等方面。金融业作为国民经济的血脉，在城市形成和发展中发挥着举足轻重的作用。

2000—2020年，伦敦和纽约一直稳居世界两大顶级城市之列。伦敦作为当之无愧的世界城市和全球金融中心，以金融城为核心，形成了完善的金融生态系统，不断集聚全球高端产业要素，并在政府引导下，带动辐射伦敦其他地区以及英格兰更广阔的东南区域错位发展，走出了依托金融业来实现国际地位优势、不断扩大区域影响力的有效路径。依托空间圈层，伦敦金融业从金融城拓展到金丝雀码头，再向外伦敦以及更广阔的东南区辐射扩散，体现了明显的圈层特征。作为国际金融中心，伦敦以金融业为支柱，在吸引和集聚全球资源的同时发挥对周边乃至全国的辐射和支撑作用。金融空间格局由金融资源空间集聚导引。金融集聚形成金融中心，金融中心的层级就是金融空间结构的显现，并与城市层级在某种程度上吻合，城市规模越大，所处等级越高，所能够集聚的金融资源就越多。因此，推动城市经济发展和层级

提升是形成金融中心的首要前提。纽约湾区作为美国乃至全世界金融最为发达的区域，高盛、摩根士丹利、花旗等世界顶级金融机构的总部及分支机构均设立于此，金融资源非常丰富。2018年，纽约湾区商业银行和储蓄银行机构共70家，资产规模达到6 677亿美元。纽约湾区风险投资交易数量共计735件，吸引了约130亿美元的风险投资，规模仅次于旧金山湾区。这也造就了纽约湾区的独特优势，即聚集了雄厚的资本，以及拥有极为便利的融资环境，从而能够很好地支持创新型企业发展。

目前，国内外关于区域金融业演进的空间结构特征的研究较少。虽然瑞典经济地理学家瑞斯托·劳拉詹南运用金融地理学的方法研究了金融发展的空间格局，但其研究范围视角是国际性及全球性的，基本没有涉及大都市区内的金融发展空间格局研究。

第二节 京津冀创新协同发展情况

一、区域创新资源分布

创新创业在京津冀三地均得到政府的鼓励和支持，也得到社会的广泛认可和称赞，但由于社会经济基础和创新文化环境的不同，三地的创新绩效具有较大的差异。从专利申请数、有效发明专利数、技术市场成交额等情况看，河北与天津和北京有相当大的差距。《2023年中国统计年鉴》数据显示，2022年京津冀三地有效发明专利数分别为477 790件、51 162件、51 946件，三地技术市场的成交额分别为7 947.50亿元、1 676.53亿元、1 003.82亿元（见表4-4），河北远远低于京津地区。

表4-4 2022年京津冀研发活动、专利及新技术产品情况

地区	技术市场成交额（亿元）	专利申请数（件）	有效发明专利数（件）	R&D经费（亿元）	R&D人员全时当量（人年）
北京	7 947.50	307 175	477 790	2 843.34	373 235
天津	1 676.53	84 335	51 162	568.66	103 499
河北	1 003.82	137 437	51 946	829.14	158 713

从高技术产业发展情况看，2022年京津冀三地高技术产业营业收入分别为 8 141 亿元、3 477 亿元、2 350 亿元，高技术产业利润总额分别为 787 亿元、255 亿元、265 亿元，北京与天津、河北的差距较大。从高技术产业发展动态数据看，自 2019 年以来，三地高技术产业营业收入、高技术产业利润总额均在不断增加，但北京的增势远大于天津和河北，并且天津和河北高技术产业的收益水平不高，说明天津和河北创新动力不足。

二、区域创新协同存在的问题

从总体看，京津冀地区人才、资金、技术等创新要素资源富集，应成为全国知识创新的核心区和产业技术创新的示范区；但协同创新动力、产业链协同与资源配置效率、资源流动、行政主导型经济等方面存在的问题，导致京津冀区域创新资源共享不足、创新链与产业链融合对接不充分，制约着京津冀的协同发展。

（一）行政主导型经济导致要素在区域间流通不畅

行政主导型经济以行政区划为边界，存在各种行政性限制壁垒，导致经济要素难以在区域间自由流动，要素市场分割严重。京津冀区域各自孤立发展，产业同构现象严重，科研成果转化率较低，优势资源整合配置不尽合理。"分灶吃饭"的财税体制，激励着地方政府追求本地区发展而忽视相互间合作。区域政策及资源的不公、社会福利的不均及公共服务等方面巨大的差距，导致京津冀空间不平衡十分严重，成为资源流动和产业对接困难的重要原因。行政主导型经济已成为京津冀协同发展的主要障碍。

（二）产业链协同程度不高，资源配置效率低下

产业合理分工与有效转移是实现京津冀协同发展的保证，只有在区域间产业分工合理，三地形成差异竞争、错位发展的格局，才能实现京津冀一体化发展。由于京津冀三地存在"断崖式分割"，产业链环节存在缺失，产业链断链明显，关联系数较低，协同程度不高，资源配置效率低下，阻碍了京津冀的协同发展。再加上京津冀区域内产业同构或恶性竞争的长期存在，省市间的创新资源浪费与供给不足现象并存，使得创新要素的流动与开放共享程度较低，创新链与产业链的对接不充分。

（三）京津对科技人才"虹吸"明显，河北协同创新动力不足

科技人才是技术创新的基础要素，随着经济发展水平的提高，人力资本

的作用日益重要。而目前京津人才聚集效应明显大于扩散效应，造成河北人力资源的流失。以霸州、曹妃甸两家企业为例，新招收的本科毕业生两年内就已流失70%。京津的经济优势和人才发展环境使河北大量科技人才流向京津。此外，交通基础设施的落后也是河北人才流失的一个原因，京津到冀南、冀东、冀东南地区的交通设施建设滞后于其经济关联程度，一定程度上制约了京津人才向河北的流动。"京津双核"明显的极化效应使河北与京津存在巨大的落差，也导致区域内部技术承接能力不强，技术消化能力相对薄弱。由前面的数据可知，河北在研发项目、专利申请、有效发明专利、技术市场成交额和高技术产业发展等方面均与京津有明显的差距，在区域协同创新中动力不足。

（四）区域协同创新合作机制尚未建立

实现创新资源的合理利用与高效配置是京津冀协同创新的目标，但目前京津冀区域创新体系的协同建设尚缺乏有效的制度保障。在规划同编、创新政策协同和重大项目联合推进等方面，一体化的区域协同机制还未形成；完善的一体化科技中介服务体系还没有建立，特别是在技术交易过程中，科技中介机构的服务能力发挥不够；三地的技术交易市场自成体系，科技金融制度存在地区壁垒。区域创新资源共建、共享与开放的不足，割裂了一体化的区域要素市场建设，降低了要素配置的效率，未形成推进京津冀协同创新发展的强大合力。综上所述，由于京津冀协同创新机制尚不完善，三地的科技资源还存在"孤岛""错轨""断崖"现象，未能使创新链、资金链、产业链、服务链实现有效融合，因此必须进行协同创新体系建设。

第三节 京津冀一体化发展水平

京津冀一体化经历了漫长的发展历程。从20世纪80年代初三地政府就国土整治规划形成初步的京津冀一体化发展思想，到2014年2月26日习近平总书记在京津冀协同发展座谈会上发表重要讲话，京津冀一体化经历了起步期（1981—1989年）、徘徊期（1990—2003年）、规划期（2004—2013年）和战略协同期（2014年以来）四个发展阶段。"京津冀协同发展"上升为国家战略后，如何更好地实现协同，成为当前重要的研究议题。协同的本质就是要打破藩篱，形成合作共赢的发展格局。随着我国经济进入新常态，发展动力已由要素驱动转向创新驱动,以创新、创业和新兴产业为核心能力的创新集群成为区域竞争力的集中体现。在经济一体化的大背景下,京津冀如何更好地实现资源整合、产业联动,打造协同创新共同体,是提升整体区域竞争力的关键。培育创新创业的生态环境和文化氛围,构建适合区域协同发展的创新生态体系,是加快区域协同发展的必然选择。

第五章 京津冀金融协同空间结构网络的构建与分析

第一节 引　言

金融协同通过优化资金配置、提高金融服务效率和促进金融创新，为区域内的企业提供了更加便捷、高效的金融支持；金融协同还能通过提供跨区域金融服务、促进金融市场一体化等方式加强区域内的经济联系、促进区域经济的整体发展。因此，金融协同对于促进京津冀区域内产业升级和经济结构调整具有重要意义。

本章将介绍京津冀区域金融空间结构网络的生成机制，研究使用的数据来源与收集方法，构建关联网络的改进引力模型方法，以及利用数据和模型方法所构建的2001—2019年京津冀金融空间结构网络。在此基础上，利用复杂网络分析方法，分析京津冀各地区在金融空间结构网络中的地位作用和演变规律，发现了京津冀金融空间结构分异化严重、圈层结构等特征，为制定京津冀金融协同发展策略提供重要支撑。深入探讨京津冀区域金融空间结构的发展特征和变化规律，特别是从2001年到2019年的发展情况。主要通过分析银行业、保险业和证券业的主要指标，如企业数量、员工人数等，采用大数据挖掘与分析技术、地理信息编码技术获取详细的区域金融数据。此外，还运用了复杂网络分析方法和QAP回归分析模型，以探索和分析京津冀金融空间结构网络的拓扑统计特征和演变机制，旨在为推动京津冀金融一体化进程提供理论支撑和经验支持。

第二节 京津冀区域金融空间结构网络的生成机制

一、金融空间结构网络的理论内涵与现实特征

现实生活中，金融机构跨城市设置网点成为普遍现象。由于金融机构的中介性职能，相同金融机构的跨城市网点较大可能存在业务关联。多个金融机构在多个城市同时设置网点，则在形成城市内部金融集聚的同时，也形成了城市之间金融业的关联网络，从而形成了金融空间结构网络。同时，金融业作为服务业，在经营过程中对面对面服务存在较大的需求，这导致金融机构在业务扩张过程中往往伴随着网点数量的扩张，因此网点的数量集聚可以较大程度上反映业务规模的集聚。

金融集聚网络是指金融机构跨城市设置网点，形成以城市金融集聚为网络节点、城市之间金融发展关联为连接的金融业网络式集聚格局。金融集聚网络与传统的金融集聚的研究对象一致，都是在城市范围内金融机构、金融资源等集聚的现象及其影响。金融集聚网络与传统金融集聚的主要差异在于：传统的金融集聚是金融机构和金融资源为了降低交易成本，在区域、城市范围内进行集中的现象；金融集聚网络则不仅关注集聚的结构、规模，还纳入了金融集聚之间的外部关联信息，即考虑了金融集聚的外部性影响力。基于局部客观现实数据的分析表明，在经济全球化发展格局下，几乎所有城市都存在对其他城市的金融关联。这些金融连接共同形成了以城市金融集聚为载体的金融集聚网络。金融业具有资源配置功能，各地历来重视金融工作，掀起"金融中心"建设热潮。与此同时，我国当前金融资源的空间分布不均，处于中心城市外围的大量中小城市和偏远地区金融资源在工业化和城镇化过程中供给明显不足。金融在特定城市的集聚，是在时空中持续的动态形成过程。

二、金融空间结构网络生成的动因分析

（一）金融空间结构网络生成的外部动因

1. 全球价值链分工导致的资源异质性投入

资源要素的异质性投入驱动着金融空间结构网络的生成。金融集聚本质

上是金融产业资源在空间形态上的一种集聚现象，微观层面上表现为金融企业、机构、网点在特定城市、区域的集聚现象。金融集聚属于产业集聚现象的一种，由以城市区域为中心的信息流汇聚、市场需求汇聚、劳动力要素汇聚、资本要素汇聚、经济规模效应和溢出效应等多方面综合因素共同促成。

在全球价值链分工的背景下，金融服务业属于技术密集型和资本密集型的生产性服务业，同时作为价值链相对上游环节嵌入经济循环之中，其以城市区域为载体进行集聚，为城市和区域经济发展带来深刻的经济影响。金融集聚对经济增长具有影响，也与区域间经济增长差异存在关联关系。金融集聚通过带动经济规模效应、提高资源配置效率、溢出效应、网络经济效应、产业转移等途径对经济发展与增长产生影响。具体来讲：①金融要素的集聚可以为价值链下游部门提供更为充足的金融服务供给，吸引中下游产业进一步集聚于城市，从而带动全价值链产业部门的集聚，进一步扩大市场规模，吸引资本要素，循环促进金融业的进一步集聚，产生螺旋上升的经济规模效应。②金融集聚内部大量金融机构的汇聚，可以带来高效的信息流通和传播机制，在降低信息搜集成本的同时，也可以共享金融基础设施、信息基础设施、公共服务和其他服务，以有限的城市资源带动更高效的经济运转，提高资源配置效率甚至全要素生产率。③由于金融业自身汇聚大量信息、金融资源，其跨部门提供服务会带动相关资源的跨部门溢出效应；由于单一城市金融市场有限，金融企业必然会寻求服务城市范围外的客户对象，提供跨城市服务的同时，带来信息、技术流动的空间溢出效应；由于金融资源的稀缺性，金融企业间必然存在分工合作，确保相关服务的稳定性，通过企业间合作分工形成跨企业的溢出效应，促进信息获取和信息交流的便利化，进一步促进技术溢出。④与网络的正外部性相对应，金融网络通过金融服务供给方与金融服务需求方之间的供给—需求关系可以形成间接网络，在服务过程中能够通过网络规模的扩大增加收益、提升效率，从而带来网络正外部性。金融服务的提供者即金融中介机构承担着优化资源配置、促进资源互补的任务，而网络经济效应正是通过促进节点资源互补来提升网络整体价值的。随着网络规模的扩大，这种互补性的优势不断放大。因此，网络经济效应对金融业有着重要的价值和意义。通过金融网络还可以增进企业之间的相互关系，建立信誉机制，减少企业经营中的机会主义行为倾向，大大降低合约的执行成本和监督成本。区域金融网络规模将随着城市节点金融集聚规模的扩大而扩大，带来金融专业化分工程度的提高，进而通过网络协作给区域内企业带来更高的额外收益。⑤金融集聚本身是金融业规模发展的体现，是现代服务业发展、产业升级的一部分。在金融业集聚过程中，金融机构共享信息、管理经验等资源，可以满足产业结构调整过程中对资本要素、信息要素的需求。金融集聚产生的跨城市溢出效应，则可以为产业转移和产业承接提供金融支持和其他方面的便利。

金融集聚受跨城市价值链分工布局影响，会产生具有差异化的区域空间布局。全球价值链分工背景下的金融服务业集聚，是以全球价值链上、下游环节生产活动附加值高低的空间分离为前提，基于不同附加值生产环节在空间布局上的离散分布。也就是说，金融机构更倾向于在经济附加值获取能力更强的城市形成更多的网点集聚，由此导致金融集聚规模在空间分布上呈现一定的等级特征。

2. 人才跨区域共享

根据马歇尔外部性的基本规律，相邻城市之间的同类产业出现比较优势"蔓延"现象的原因之一是"知识溢出"效应，即一个城市内部的比较优势产业主要依托某种专利或者技术来维持竞争力，虽然专利或者技术不会流动，但是相邻区域之间的技术人员流动会带来技术溢出。例如20世纪80年代初沿海城市出现的"星期六工程师"现象，国有企业内的一些工程师和技术骨干利用星期六时间到周边的小微民营企业做兼职，这个过程实现了"知识溢出"。

3. 互联网新兴技术的兴起

当前，随着互联网技术的快速发展，以大数据、人工智能、区块链、云计算、物联网、机器学习、深度学习等为核心的新兴技术不断涌现。这些互联网技术以科技手段规避了传统地理因素和组织因素所带来的局限性，为金融要素的流动提供了新的途径，在金融创新过程中发挥了重要作用。此外，互联网技术与实体金融的结合，使得一系列以金融科技为基础的金融衍生品出现，诸如P2P网贷、众筹、第三方支付、虚拟货币、数字货币等使得金融资源得到重新分配，进而导致传统金融空间结构格局发生改变。互联网技术也在深刻地改变着传统金融机构服务业的运营模式。手机银行、网上银行业务逐渐代替传统的柜台业务，金融机构服务网点也逐渐减少，并且服务过程逐渐出现机器代工的现象。根据银保监会2020年11月30日发布的金融许可证信息统计数据可知，排除包商银行退出的网点，近两年来退出的商业银行网点已超过6 280家。因此，互联网技术是金融空间结构网络生成和演变的重要驱动因素。

4. 城市群的快速发展

城市群是指在特定地域范围内，以1个超大或特大城市为核心，由至少3个以上都市圈（区）或大城市为基本构成单元，依托发达的交通通信等基础设施网络，所形成的经济联系紧密、空间组织紧凑，并最终实现同城化和高度一体化的城市集合体。城市群为区域的发展带来资源集聚优势，城市群区域内可以实现金融一体化、科技一体化、信息一体化、交通一体化、产业一体化、生态一体化等，特别为解决"大城市病"提供了有效的方案。

目前来看，城市群已经成为全世界一些重要国家参与全球竞争和国际分工的地域模式，城市群通过重新配置资源要素，形成了新的资源空间结构格局。城市群是金融中心的重要集中地。金融则是城市发展的动力源泉，为城市提供了资金要素。从我国城市群发展来看，城市群集中了全国100%的全球金融中心，具有明显的外资吸入效应，是金融中心的集聚地。2020年4月2日由英国Z/Yen集团与中国（深圳）综合开发研究院共同编制的全球金融中心指数（GFCI 27）报告显示，全球前十大金融中心分别为纽约、伦敦、香港、新加坡、上海、东京、北京、迪拜、深圳和悉尼，其中中国有4座城市且全部集中在城市群内；进入全球金融中心的上海、北京、深圳、广州、成都、杭州、青岛、天津、南京、大连10座中国内地城市，全部集中在城市群内。上海作为全国性证券交易市场所在地，金融市场体系健全，全国性金融市场中心的地位突出，金融市场规模具有绝对领先优势。北京是全国性大型金融机构总部集聚中心，以2018年统计数据为例，北京拥有17家法人商业银行和63家法人保险机构。深圳拥有18家法人证券公司和18家法人保险机构。

同时，城市群也集中了全国100%的国家金融中心，具有强大的内资吸附效应。据第一财经网报道，2020年度中国金融中心指数综合竞争力排名前31名的城市依次为上海、北京、深圳、广州、杭州、成都、天津、重庆、南京、武汉、郑州、西安、苏州、大连、长沙、济南、青岛、厦门、福州、宁波、合肥、沈阳、无锡、南宁、昆明、南昌、哈尔滨、石家庄、乌鲁木齐、长春和温州。这些城市2019年金融业增加值占全国金融业增加值的比重达

57.7%，集聚的法人商业银行总资产占全国的79.6%，法人保险公司总资产规模占全国的87.2%，法人公募基金管理资产占全国的91.2%，法人证券公司总资产占全国的95.8%，本外币存、贷款余额分别占全国的51.5%、52.3%，单位金融从业人员占全国的48.6%。这31个城市全部集中在不同类型和不同发育程度的城市群内。中国城市群是全国金融产品的汇聚地，集中了全国约85%的存款余额，具有强劲的聚财效应。1980—2016年，中国城市群的城乡居民年末储蓄存款余额由300.63亿元增加到530 512.82亿元，占全国的比重由75.25%增加到87.47%；年末金融机构存款余额由1 020.9亿元增加到1 258 719.22亿元，占全国的比重由58.76%增加到83.59%，聚财效应越来越显著；人均城乡居民储蓄年末余额由54.13元提升到50 110.12元，是全国人均水平的1.14倍。

目前，我国城市群的空间组织格局与金融空间结构格局基本一致，但从不同城市群来看，城市群的金融集聚具有显著的空间分异效应。19个城市群区位条件不同，发育程度不同，聚财能力不同。长江三角洲城市群对国家经济发展的贡献最多，达20%，其城乡居民储蓄存款余额和金融机构年末存款余额占全国的比重分别高达22.3%和21.59%；其次为京津冀城市群，城乡居民储蓄存款余额和金融机构年末存款余额占全国的比重分别为11.3%和17.2%；珠江三角洲城市群所占比重分别为7.53%和12.1%；长江中游城市群所占比重分别为7.65%和7.78%；成渝城市群所占比重分别为6.46%和7.22%；而宁夏沿黄城市群所占比重最低，分别只有0.38%和0.4%。

(二) 金融空间结构网络生成的内部动因

"十四五"期间，我国城市发展将迎来新机遇，其中，提升城市金融竞争力是城市服务实体经济健康发展的重要机遇。在城市群发展进程中，城市之间实现有效的产业转移、产业对接和产业升级，对于区域合作至关重要。城市金融机构的大量集聚会加剧城市范围内的行业市场竞争，进而提升金融企业自身的创新动力。同时，金融集聚有利于资本更有效地识别技术信息、创新信息，尤其是有潜力的创新，可以引导资本要素流向新兴产业，甚至选择风险高但利润更高的技术，追求超额利润的同时带动创新产业的发展，增强经济活力。因此，在城市群区域各城市自我发展与提升过程中，金融空间结构网络也随之发生变化。

（三）京津冀区域金融空间结构网络生成的动力机制

金融中心是一种在不完全市场条件下的集聚经济现象。在传统经济学模型中，经济空间是外生和前定的，金融中心的形成被视为金融学和城市经济学之间的边缘问题。20世纪七八十年代，经济理论形成了增长的内生化逻辑，统一了经济空间非中性认识。金融中介理论、信息经济学、新增长理论和新金融发展理论，使代理成本、信息不对称、不确定性、不完全竞争、外部性等与经济空间中性假设不相容的因素相继呈现。研究者通过统计和计量方法验证发现，金融中心有明显的层次结构特征，资本积累和金融发展将提高经济发展效率，资金在地理空间上具有有限的流动性和替代性。克鲁格曼（Krugman，1991）从微观视角分析了经济活动的空间集聚。他强调空间的社会性和资本化，用"溢出效应"和"递增收益"解释空间的内生化发展。当一个组织的知识、技术或经济行为对其他组织产生递增收益时，就会产生溢出效应。溢出效应导致经济活动在特定空间持续集中，形成"自我生产"和资本积累，促进城市发展和经济增长。卡斯特（Castells，1996）进一步关注城市间的空间网络结构和空间溢出效应，认为空间网络是由资本、人、商品和信息流组成的社会经济结构，城市与周边区域联系的强弱决定了该城市空间溢出效应影响大小。金融资源在以城市为节点的空间中集聚和扩张，金融中心和不同层次的金融发达城市群成为联系本地和更大范围社会资金的中介和门户。溢出效应主要有两种形式：一是马歇尔效应，指技术扩散产生于同类行业企业中，且只能被特定行业的区域集中支撑，也称本地化或"专业化"集聚经济外部性。二是雅各布斯外部效应，强调互补性知识在多样化企业和经济行为人之间的交换能够促进创新搜寻和实践，导致递增收益并产生城市化或"多样化"集聚经济外部性。这两种效应是驱动现代区域和城市不同内生增长路径的主要动力。金融中心在空间中成为专业化集聚（向心力作用）和多样化扩张（离心力作用）的结合，可以同时受益于马歇尔效应和雅各布斯外部效应。

目前，关于金融空间结构网络生成的动力机制研究，主要是从金融集聚论、协同选址理论、信息流理论三个角度展开的。金融集聚论的分析基础是"专业化"集聚经济外部性（马歇尔效应），该效应旨在分析产业专属技能劳动力市场、非贸易特定投入品和信息溢出带来的生产者函数改进。协同选址论又称实体产业和金融业的协同集聚论，其分析基础是"多样化"集聚经济外部性（雅各布斯外部效应）。由于信息流是金融中心发展的先决条件，金融业是"高增值"信息服务业，因此信息流理论用"信息腹地"和"信息不对称"解释金融中心形成。"信息腹地"是指为有效利用有价值的信息流而提供最佳接入点的地区。"信息腹地"使信息成本最低，并以最高速度和可信度流动，通常为信息的生产地、收集地或是传播源头。

三、京津冀区域金融空间结构网络的界定

京津冀区域金融空间结构网络系统的物理边界构成包括最新的京津冀城市规划区域，具体包括：北京市16个辖区（东城区、西城区、朝阳区、海淀区、丰台区、石景山区、门头沟区、房山区、怀柔区、密云区、平谷区、延庆区、通州区、顺义区、昌平区、大兴区），天津市16个辖区（和平区、河东区、河西区、西青区、红桥区、河北区、南开区、津南区、宁河区、滨海新区、静海区、东丽区、北辰区、武清区、宝坻区、蓟州区），以及河北省11个下辖地级市（石家庄市、保定市、唐山市、邢台市、廊坊市、秦皇岛市、张家口市、衡水市、沧州市、承德市、邯郸市）。根据文献调研，已有研究多从国家、省阈进行城市群的研究。本书将从市辖区粒度层面开展京津冀区域金融协同研究，以便为更细粒度下城市群的研究提供方法和策略参考。

四、京津冀区域金融空间结构网络的系统构成

京津冀区域金融空间结构网络的主体包括北京市16个辖区、天津市16个辖区、河北省下辖11个地级市各地的保险机构、银行机构、上市企业。根据数据的可得性，本书对京津冀区域金融服务业机构采集的数据时间为2001—2019年。以2016年和2019年数据为例，其中2016京津冀区域内保险机构包括北京106家、天津57家、河北21家；2016年银行机构包括北京市29家、天津31家、河北省28家；2019年上市企业包括北京334家、天津54家、河北省58家（具体分别如表5-1、表5-2、表5-3所示）。

表5-1　2016年京津冀区域保险机构情况汇总

| 北京市保险机构 | 人保、瑞再企商、农银、太保、史带、英大、平安、劳合社、阳光、华泰、铁路自保、信泰、太平、合众、瑞泰、中华联合、泰山、华夏、永安、安心、正德、天安、中石油专属、中德安联、大地、众安、国华、华安、阳光渝融、国泰、安邦、泰康在线、幸福、永诚、 |

续表

北京市保险机构	易安、招商信诺、都邦、富德、新光海航、天平汽车、国寿股份、平安养老、阳光产险、国寿集团、太平养老、安华农险、昆仑健康、渤海、百年、民安、新华、中邮、国寿财险、泰康人寿、长生、安诚、和谐健康、中银、友邦、安邦养老、华农、信诚、中融、长安责任、民生、汇丰、现代、大都会、建信、中意、生命、中法、利宝、中宏、平安健康、苏黎世、中英、信达、光大永明、交银康联、美亚、北大方正、弘康、紫金、海康（同方全球）、复星保德信、三井住友、工银安盛、三星、君康、浙商、中航三星、太阳联合、中荷、泰康养老、人保寿险、利安、日本财险、长城、太保安联、东京海上日动、恒安标准、珠江、长江、人保健康、国寿存续
天津市保险机构	人保股份津分、长城津分、大地财产津分、人保寿险津分、出口信用津分、国华人寿津分、中华联合津分、泰康养老津分、太保财津分、阳光人寿津分、平安财津分、中邮人寿津分、华泰津分、中宏人寿津分、天安津分、工银安盛津分、华安津分、信诚津分、太平保险津分、中荷人寿津分、民安津分、海康人寿津分、中银保险津分、恒安标准津分、永诚津分、国泰人寿津分、安邦津分、平安健康、天平车险津分、中航三星津分、阳光财产津分、民生、都邦津分、渤海、渤海津分、大都会、国寿财险津分、紫金财产津分、众安、三星津分、爱和谊津分、英大、鑫安、国寿股份津分、太保产津分、平安寿津分、新华津分、泰康津分、太平人寿津分、光大永明津分、生命人寿津分、国寿存续津分、平安养老津分、合众人寿津分、太平养老津分、人保健康津分、华夏
河北省保险机构	安邦财产、安邦人寿、光大永明、海康人寿、合众人寿、和谐健康、华泰财产、民安财产、农银人寿、平安养老、泰山财产、天平汽车、信达财产、幸福人寿、中国大地、人民健康、人民人寿、中国人寿、太平洋财产、中英人寿、安盛天平

表 5-2 2016 年京津冀区域银行机构情况汇总

北京市银行机构	中国工商银行股份有限公司北京市分行、中国农业银行股份有限公司北京市分行、中国银行股份有限公司北京市分行、中国建设银行股份有限公司北京市分行、交通银行股份有限公司北京市分行、招商银行股份有限公司北京分行、上海浦东发展银行股份有限公司北京分行、广发银行股份有限公司北京分行、兴业银行股份有限公司北京分行、平安银行股份有限公司北京分行、中信银行股份有限公司总行营业部、中国光大银行股份有限公司北京分行、中国民生银行股份有限公司北京分行、华夏银行股份有限公司北京分行、渤海银行股份有限公司北京分行、浙商银行股份有限公司北京分行、北京银行股份有限公司、大连银行股份有限公司北京分行、天津银行股份有限公司北京分行、杭州银行股份有限公司北京分行、南京银行股份有限公司北京分行、盛京银行股份有限公司北京分行、上海银行股份有限公司北京分行、江苏银行股份有限公司北京分行、宁波银行股份有限公司北京分行、包商银行股份有限公司北京分行、北京农村商业银行股份有限公司、北京延庆村镇银行股份有限公司、中国邮政储蓄银行股份有限公司北京分行

续表

天津市银行机构	中国工商银行股份有限公司天津分行、中国农业银行股份有限公司天津市分行、中国银行股份有限公司天津市分行、中国建设银行股份有限公司天津分行、交通银行股份有限公司天津分行、中国邮政储蓄银行股份有限公司天津分行、渤海银行股份有限公司、中国光大银行股份有限公司天津分行、招商银行股份有限公司天津分行、上海浦东发展银行股份有限公司天津分行、中信银行股份有限公司天津分行、华夏银行股份有限公司天津分行、中国民生银行股份有限公司天津分行、浙商银行股份有限公司天津分行、广发银行股份有限公司天津分行、天津银行股份有限公司、天津农商银行、天津滨海农村商业银行、北京银行股份有限公司天津分行、上海银行股份有限公司天津分行、盛京银行股份有限公司天津分行、大连银行股份有限公司天津分行、锦州银行股份有限公司天津分行、哈尔滨银行股份有限公司天津分行、河北银行股份有限公司天津分行、廊坊银行股份有限公司天津分行、齐鲁银行股份有限公司天津分行、威海市商业银行股份有限公司天津分行、宁夏银行股份有限公司天津分行、中德住房储蓄银行有限责任公司、民营银行
河北省银行机构	天津银行股份有限公司石家庄分行、天津银行股份有限公司保定分行、承德银行股份有限公司、沧州银行股份有限公司、河北银行股份有限公司、邯郸银行股份有限公司、中信银行股份有限公司石家庄分行、中国光大银行股份有限公司石家庄分行、中国工商银行股份有限公司河北省分行、中国建设银行股份有限公司河北省分行、中国银行股份有限公司河北省分行、中国农业银行股份有限公司河北省分行、交通银行股份有限公司河北省分行、招商银行股份有限公司石家庄分行、唐山银行股份有限公司、秦皇岛银行股份有限公司、兴业银行股份有限公司石家庄分行、邢台银行股份有限公司、中国邮政储蓄银行河北省分行、中国民生银行股份有限公司石家庄分行、张家口银行股份有限公司、河北省农村信用社联合社、衡水银行股份有限公司、华夏银行股份有限公司石家庄分行、上海浦东发展银行股份有限公司石家庄分行、平安银行股份有限公司石家庄分行、天津银行股份有限公司石家庄分行、广发银行股份有限公司石家庄分行

表5-3 2019年京津冀区域上市企业情况汇总

北京市上市企业	神州高铁、中科金财、三盛教育、安达维尔、首商股份、中国银行、泛海控股、雪迪龙、飞利信、百邦科技、中国高科、中国重工、北方国际、凯文教育、利德曼、康龙化成、北汽蓝谷、大唐发电、中成股份、京威股份、华录百纳、拉卡拉、华远地产、金隅集团、金融街、首航节能、利亚德、值得买、中国海防、中信银行、盛达矿业、奥瑞金、同有科技、中信出版、京能置业、人民网、渤海股份、众信旅游、吉艾科技、中国国贸、航天长峰、大豪科技、中迪投资、东易日盛、邦讯技术、首创股份、王府井、国检集团、新华联、金一文化、掌趣科技、华能国际、京城股份、森特股份、经纬纺机、中矿资源、博晖创新、华夏银行、北京城乡、翠微股份、京东方A、万达电影、旋极信息、民生银行、石化油服、昭衍新药、燕京啤酒、奥赛康、天壤环境、中国石化、国投电力、海量数据、中色股份、真视通、太空智造、三一重工、中房股份、鸿远电子、北新建材、三夫户外、北信源、歌华有线、长江电力、东方时尚、中水渔业、东方中科、东土科技、中国联通、国

67

续表

北京市上市企业	投中鲁、淳中科技、北京文化、星网宇达、中文在线、万东医疗、海油发展、掌阅科技、中信国安、元隆雅图、恒华科技、中国医药、中国电影、长久物流、顺鑫农业、华通热力、东方网力、五矿发展、北矿科技、高能环境、华联股份、新兴装备、绿盟科技、华润双鹤、节能风电、康辰药业、中关村、鸿合科技、安控科技、同仁堂、中信建投、引力传媒、紫光股份、神州泰岳、恒通科技、同方股份、中铝国际、博天环境、首钢股份、乐普医疗、东方通、中国卫星、中国神华、国联股份、安泰科技、探路者、光环新网、中青旅、昊华能源、韩建河山、中科三环、立思辰、三联虹普、华创阳安、中国国航、航天工程、中国中期、鼎汉技术、飞天诚信、大龙地产、中国化学、乾景园林、双鹭药业、北陆药业、腾信股份、天坛生物、四方股份、瑞斯康达、中工国际、钢研高纳、京天利、福田汽车、北京银行、曲美家居、东华软件、超图软件、九强生物、中牧股份、中国铁建、华扬联众、瑞泰科技、数知科技、昆仑万维、大唐电信、东兴证券、能科股份、北纬科技、华力创通、浩丰科技、有研新材、华重重工、中公高科、北斗星通、合康新能、诚益通、*ST华业、农业银行、嘉友国际、石基信息、万邦达、暴风集团、万通地产、中国人保、新华网、全聚德、蓝色光标、双杰电气、首旅酒店、新华保险、中持股份、东方雨虹、海兰信、康斯特、北京城建、中国中铁、中科软、久其软件、碧水源、汉邦高科、航天信息、工商银行、中农立华、ST云网、华谊嘉信、康拓红外、大恒科技、ST锐电、金诚信、东方园林、三聚环保、耐威科技、安迪苏、北辰实业、兆易创新、北京科锐、当升科技、高伟达、农发种业、中国外运、中国通号、汉王科技、数字政通、新元科技、华联综超、中国铝业、交控科技、太极股份、数码科技、合纵科技、中航电子、中国中冶、沃尔德、北方华创、乐视网、赛升药业、首开股份、中国人寿、天宜上佳、千方科技、嘉寓股份、中科创达、北巴传媒、中国建筑、航天宏图、合众思壮、晓程科技、恒实科技、动力源、中国电建、热景生物、大北农、世纪瑞尔、辰安科技、华胜天成、中国卫通、安博通、北京利尔、神雾环保、先进数通、三元股份、际华集团、四维图新、恒泰艾普、新晨科技、北方导航、中国中车、广联达、东方国信、万集科技、空港股份、中国交建、启明星辰、捷成股份、数字认证、*ST信威、光大银行、嘉惠堂、潜能恒信、新雷能、中金黄金、中国石油、二六三、高盟新材、思特奇、国药股份、中国科传、弘高创意、舒泰神、宣亚国际、中铁工业、中国银河、中化岩土、易华录、圣邦股份、中国软件、江河集团、惠博普、佳讯飞鸿、科锐国际、金自天正、中国国旅、清新环境、北京君正、科蓝软件、京能电力、中煤能源、盛通股份、拓尔思、必创科技、天地科技、京运通、朗姿股份、银信科技、宇信科技、用友网络、建设银行、*ST荣联、光线传媒、中石科技、信达地产、中国出版、博彦科技、华宇软件、创业黑马、电子城、中国核电
天津市上市企业	广宇发展、泰达股份、滨海能源、富通鑫茂、津滨发展、天津一汽、天保基建、招商公路、中环半导、普林电路、赛象科技、力生制药、九安医疗、天汽模、桂发祥、凯莱英、绿茵生态、红日药业、瑞普生物、经纬辉开、长荣科技、天津膜、鹏翎集团、凯发电气、利安隆、海泰科技、中体产业、松江股份、天房发展、中新药业、国机汽车、百利特、天津天药、天士力、海洋石油、中源协和、天津港、海航科技、中储发展、环球磁卡、劝业场、创业环保、三六零、中海油田、中远海运、曙光信息、新经典、恒银金融、中材节能、七一二、博迈科、天津银龙、赛诺医疗、久日新材

68

续表

河北省上市企业	常山北明、冀东水泥、东旭光电、建投能源、*ST 华讯、河钢股份、新兴铸管、承德露露、冀东装备、中嘉博创、河钢资源、冀中能源、东方能源、紫光国微、沧州明珠、荣盛发展、博深股份、巨力索具、龙星化工、晶澳科技、华斯股份、以岭药业、冀凯股份、青鸟消防、东沣 B 退、建新股份、先河环保、晨光生物、科融环境、常山药业、汇金股份、汇中股份、四通新材、乐凯新材、通合科技、新诺威、乐凯胶片、ST 坊展、沧州大化、华夏幸福、三友化工、凌云股份、中国动力、保变电气、老白干酒、金牛化工、新奥股份、华北制药、福成股份、开滦股份、唐山港、ST 庞大、秦港股份、长城汽车、科林电气、养元饮品、惠达卫浴、三孚股份

第三节　京津冀区域金融空间结构网络的构建与演化分析

一、空间数据的来源与说明

鉴于数据可得性与计算严谨性，本书从《北京市统计年鉴》《北京年鉴》《北京区域统计年鉴》《天津年鉴》《天津市统计年鉴》《河北经济年鉴》《中国金融年鉴》《中国区域统计年鉴》《中国城市统计年鉴》，以及区域内各上市公司财务年度报告中选取各区域银行业存贷款、从业者人数、保险行业保费收入与赔付支出和从业者人数数据，从《中国高速公路及城乡公路里程地图集》和《中国高速公路及城乡公路里程地图册》获取各城市区域间的最短公路距离。然后基于大数据挖掘与分析技术、地理信息编码技术，以城市间金融典型行业之间的吸引力为联系连边，构建京津冀金融空间结构网络。

上市公司财务年报数据挖掘：采用大数据挖掘手段，以京津冀各地区上市公司财务年报为基础，通过检索关键词"在职员工"和"应交税费"，从而获取 2001—2019 年京津冀地区各上市公司的详情数据，共计 648 654 条。保险公司财务数据挖掘：采用大数据挖掘手段，对京津冀各地区的保险公司进行数据采集，得到各公司的"在职员工"和"保险赔出"属性数据，从而获取 2001—2019 年京津冀地区各保险公司的详情数据，共计 648 654 条。银行业财务数据挖掘：采用大数据挖掘手段，对京津冀各地区银行机构进行数据采集，得到各个银行的"在职员工"、"年末存款余额"和"年末贷款余额"属性数据，从而获取 2001—2019 年京津冀地区各银行的详情数据，共计

648 654 条。通过龙信大数据平台，获取 2001—2019 年京津冀地区各银行、保险和证券行业存续数量的数据，共计 48 654 条。地理空间信息提取：以百度地图网站为数据源，同时考虑到行政区划调整带来的归属问题，从而获取京津冀各地区之间的公路最短距离，作为两个城市间的地理距离。

二、金融空间结构网络的构建

（一）改进传统的引力模型

借鉴图论构造京津冀金融空间结构网络连通图 $G = (V, E)$，$|V|$ 为网络节点（城市）个数，$|E|$ 为网络边（城市间的相互吸引力关系）数。京津冀金融空间结构网络的建构，使得我们可以借助社会网络分析统计特征量（如加权度中心性、中介中心性和接近中心性）来研究京津冀网络的等级层次性。传统的城市间经济联系的引力模型的计算公式如下：

$$R_{ij} = k \frac{\sqrt{P_i \times V_i} \times \sqrt{P_j \times V_j}}{D_{ij}^2} \tag{5-1}$$

式中：R_{ij} 是城市 i 和城市 j 之间的经济引力，P_i 和 P_j 分别是城市 i 和城市 j 的人口数，V_i 和 V_j 分别为城市 i 和城市 j 的地区生产总值，D_{ij} 则为城市 i 和城市 j 之间的最短距离长度（公路距离）。

（二）单层金融空间结构网络的构建

根据金融地理学中引力模型方法，结合本书研究内容，提出修正的引力模型，并以此作为构建金融空间结构网络的基础。由于本书考虑的是细分的金融行业，因此针对银行、证券和保险行业，本书采取了不同的修正引力模型。

具体来讲，对于银行业，银行的年末存款余额和年末贷款余额，以及银行的从业者人数成为经济引力模型考虑的因素，因此修正后的城市间银行业引力模型公式如下：

$$R_{ij} = k \frac{\sqrt[3]{S_i \times L_i \times P_i} \times \sqrt[3]{S_j \times L_j \times P_j}}{D_{ij}^2} \tag{5-2}$$

式中：S_i，L_i，P_i 分别代表区域 i 的银行类金融机构的从业者人数、年末货币存款余额和年末贷款余额。

而保险行业则考虑了保费的收入和赔付支出以及保险行业的从业者人数，因此修正后的城市间保险业引力模型公式如下：

$$R_{ij} = k\frac{\sqrt{S_i \times P_i} \times \sqrt{S_j \times P_j}}{D_{ij}^2} \quad (5-3)$$

式中：S_i，P_i，S_j，P_j 分别代表区域 i 和 j 的从业者人数、保费赔付金额，D_{ij} 代表区域间距离，k 为常数。可见，该模型指出区域经济之间相互联系的强度与区域经济规模成正比，与区域之间的距离成反比。

对于证券行业，则考虑证券交易所的总资产和营业收入，以及证券行业的从业者人数，因此修正后的城市间证券业引力模型公式如下：

$$R_{ij} = k\frac{\sqrt[3]{S_i \times A_i \times R_i} \times \sqrt[3]{S_j \times A_j \times R_j}}{D_{ij}^2} \quad (5-4)$$

式中：S_i，A_i，R_i 分别代表区域 i 的从业者人数、总资产和营业收入，D_{ij} 代表区域间距离，k 为常数。

（三）多层金融空间结构网络的构建

此外，构建融合银行、保险和证券三种不同金融机构的网络，修正后的城市间引力模型如下所示：

$$R_{ij} = k\frac{\sqrt[3]{B_i \times I_i \times Z_i} \times \sqrt[3]{B_j \times I_j \times Z_j}}{D_{ij}^2} \quad (5-5)$$

式中：B_i，I_i，Z_i 分别代表区域 i 的银行业年末存续企业数量、保险业年末存续企业数量和证券业年末存续企业数量，D_{ij} 代表区域间距离，k 为常数。

这样可以构建以京津冀区域各城市为节点，城市间相互引力关系为边，引力大小为权重的网络结构，这样的网络是一个任意两个城市都有连边的完全图。为了便于分析，可以人为地预先设置一个阈值（如中位数或平均数），相互引力关系值大于该阈值的，认为两个城市间有吸引力；否则，认为两个城市间没有吸引力。这样的网络构建方法可以将原始的稠密网络化简为稀疏网络，便于进一步分析研究。

三、金融空间结构网络演化分析

（一）金融空间结构网络时间演化与空间演化

1. 两极分化显著，但分化状态呈向好态势

根据年末企业存续数量，2001—2019 年，同时考虑银行、保险和证券的京津冀金融空间结构加权度网络结构演化如图 5-1 所示。限于篇幅，笔者只列举出每隔 5 年的网络演化结构图。图中的颜色深浅表示使用聚类方法聚类

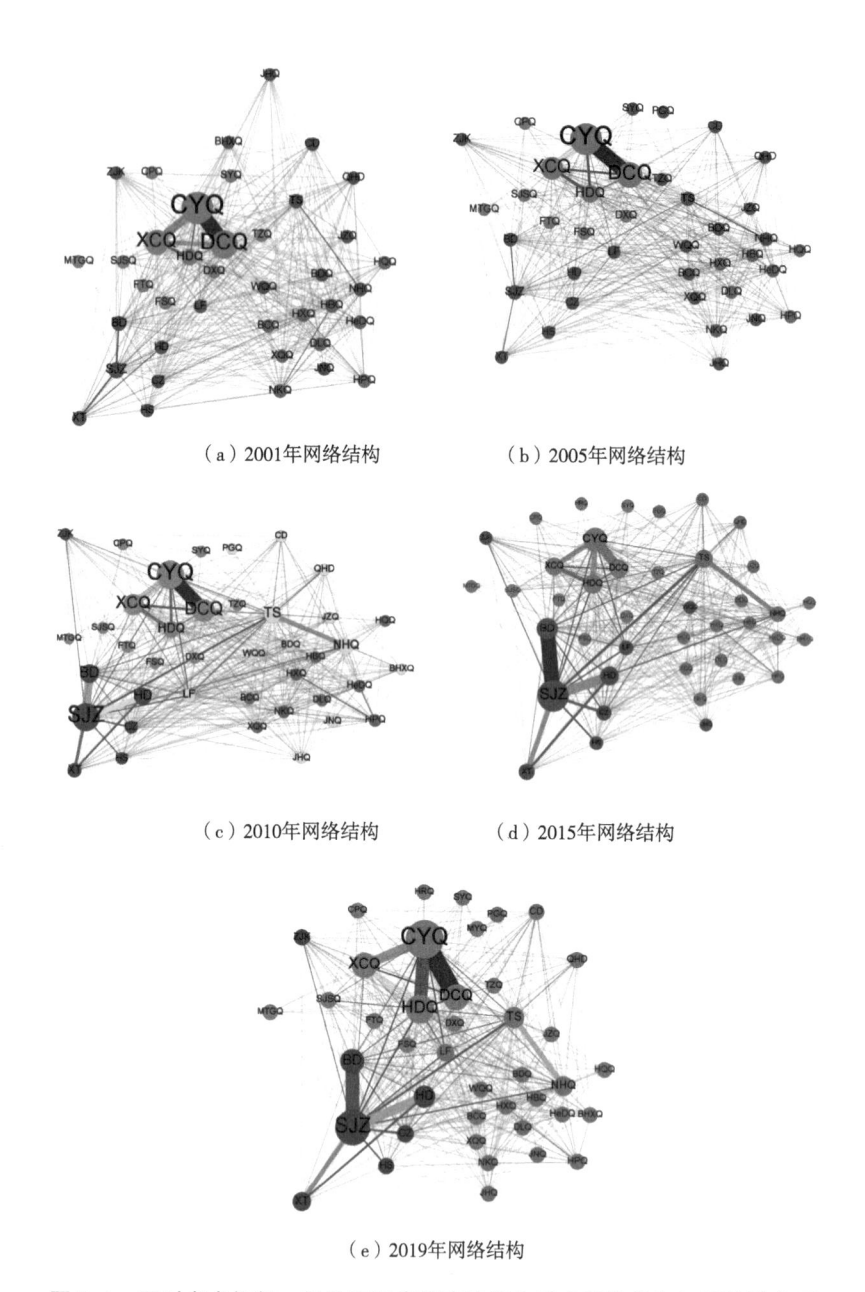

(a) 2001年网络结构　　(b) 2005年网络结构

(c) 2010年网络结构　　(d) 2015年网络结构

(e) 2019年网络结构

图 5-1　同时考虑银行、保险和证券的京津冀金融空间结构加权网络演化图

后的结果，同一个聚类模块的城市颜色相同。节点的大小根据加权度中心性值来设置，加权度中心性值越高，节点（直径）越大；否则，节点（直径）越小。节点之间边的颜色深浅表示节点之间相互吸引程度的大小，颜色越深，

表示节点之间的吸引程度越大；否则，节点之间的吸引程度越小。

2001—2019年，对同时考虑银行、保险和证券的京津冀金融空间结构度网络结构进行类似分析，得到2001年变异系数为0.73，方差为20.50。2005年变异系数为0.79，方差为20.69。2010年变异系数为0.72，方差为21.74。2015年变异系数为0.91，方差为21.36。2019年变异系数为0.97，方差为21.04。网络空间结构的变异系数和方差呈逐年增长趋势，说明网络空间结构数据的离散程度不断增大，网络空间结构随着时间变化出现较大差异。变异系数的增加表明网络中节点（即金融机构）间的差异增加，这反映了京津冀金融网络中各金融机构的经济表现和市场地位差异正在扩大。方差的变化则揭示了网络整体稳定性的变化，较高的方差值意味着网络中各节点间相互作用的波动性增大。从空间经济学的角度看，京津冀金融网络的变化体现了区域金融市场的空间异质性和集聚效应。京津冀地区金融发展不平衡现象较为明显。北京作为金融创新的高地，吸引了大量的金融资源，变异系数的增加可能反映了金融资源（如资金、人才等）可能越来越倾向于在某些区域或金融中心集聚，这种集中化趋势加剧了区域内金融服务的不平衡发展。

从图5-1可以发现：在2001年和2005年，京津冀地区金融空间结构的核心位于北京，主要分布在朝阳区、西城区、东城区和海淀区，丰台区、石景山区等也处于较重要的网络区域位置，有着较高的集聚效应和辐射效应。而到了2010年，河北地区的石家庄、保定、邯郸和唐山市逐渐发展和崛起，特别是京津冀一体化之后，这些城市进一步发展。到2015年，石家庄已经超过朝阳区成为网络中加权度排名第一的地区；此外，廊坊作为京津冀的重要枢纽，也跻身前10名榜单。

2. 出现典型的圈层结构

20年来，京津冀在金融空间结构方面表现出典型的圈层结构，即北京、天津和河北各自内部联系紧密，形成典型的聚类模块，而彼此之间的紧密联系较少，难以形成彼此交融一体的聚类结构。仅有少数城市因地理位置优势与北京、天津形成较少的联系，如河北的唐山、秦皇岛、承德与天津市的一些区域有着较强的吸引力。

3. 网络两极分化严重

由加权度中心性和加权介数中心性测度的节点在网络中的绝对地位凸显出京津冀金融空间结构网络两极分化严重。其中，加权度中心性的变异系数在这期间呈现先增加后减小的趋势，在 2010 年达到最高值 2.88，在随后的 2010 年、2015 年和 2019 年逐步缩小。这说明虽然目前金融空间结构的两极分化依然严重，但是随着京津冀一体化的推进，金融空间结构的两极分化情况有所缓解。加权度中心性的方差在 2015 年最高，然后逐步减小。

4. 金融空间体量逐年增加

平均加权度由 2001 年的 0.27，下降至 2005 年的 0.24，然后上升至 2010 年的 0.51，随着时间的推移，又由 2015 年的 0.54 上升至 2019 年的 0.56。这说明京津冀地区金融空间体量逐年增加。

（二）分化状态呈向好趋势发展

城市节点的度方差和加权度方差皆呈现先增加后减小的趋势（如表 5-4 所示），表明京津冀金融空间结构网络两极分化显著，但随着京津冀一体化政策的推进，分化状态呈现向好趋势。

表 5-4　2001 年、2005 年、2010 年、2015 年、2019 年京津冀金融空间结构网络特征统计结果

统计特征	统计指标	2001 年	2005 年	2010 年	2015 年	2019 年
网络规模	节点数	39	40	40	41	42
	边数	924	924	924	924	924
	平均度	47.38	47.38	46.20	45.07	44.00
	平均加权度	0.27	0.24	0.51	0.54	0.56
	网络密度	1.24	1.24	1.18	1.12	1.07
小世界性	网络直径	3	2	3	2	2
	平均聚类系数	0.87	0.88	0.89	0.86	0.85
	平均路径长度	1.37	1.37	1.41	1.43	1.46
度中心性	度中心势	0.73	0.79	0.72	0.87	0.92
	加权度中心势	0.08	0.08	0.08	0.12	0.11
	度变异系数	0.43	0.43	0.47	0.48	0.47
度中心性	度方差	0.71	0.70	0.94	0.75	0.71
	加权度变异数	2.66	2.88	1.84	1.76	1.26
	加权度方差	20.50	20.69	21.74	21.3	21.04
邻近中心性	平均邻近性	0.75	0.75	0.73	0.72	0.70
	邻近中心势	0.006	0.006	0.005	0.006	0.007
	变异系数	0.19	0.19	0.18	0.19	0.19

续表

统计特征	统计指标	2001年	2005年	2010年	2015年	2019年
介数中心性	平均介数	7.17	7.15	8.02	8.73	9.50
	变异系数	1.56	1.71	1.91	1.71	1.80
	介数中心势	0.78	0.97	1.37	1.03	1.49

注：括号内数值为同等规模随机网络的统计特征值。

（三）金融空间结构网络的交互连通分析

由表5-4可知，京津冀金融空间结构网络小世界性质明显，但平均路径长度增加。我国金融空间结构网络的平均聚类系数（0.42）显著大于同等规模的随机网络（0.02），但平均路径长度（2.73）远小于同等规模的随机网络（2.82），小世界特征明显。具体来说，2001年，平均路径长度为1.37，且随着时间的推移，由2005年末的1.37上升至2010年末的1.41，又由2015年末的1.43上升至2019年的1.46，京津冀金融空间结构网络的平均路径长度逐步增加。另外，平均集聚系数由2001年的0.87，微微上升到2005年的0.88，再上升至2001年的0.89，然后随着时间的推移，下降到2015年的0.86和2019年的0.85。网络密度从2001年到2005年，保持1.24不变，然后由2010年的1.18下降至2015年的1.12，再下降至2019年的1.07。这说明，目前京津冀各地区彼此联系的平均成本较高，且集聚系数和网络链接密度呈先上升后下降的趋势，亟须进行统一协调，打破各自为政的孤立网络聚类模块，形成金融空间一体化格局。

（四）区域金融空间结构网络演化分析

京津冀金融空间网络的等级层次性涌现，多核心圈层结构格局显著。中心势是衡量整个网络中心化程度的重要指标。2001—2019年，京津冀金融空间网络的度中心势由2001年的0.73上升至2019年的0.92左右，邻近中心势也基本维持在0.65左右，表明整个网络具有比较明显的向某个城市或某些城市集中的趋势，存在显著的"核心—边缘"结构。具体地，根据核心—边缘结构算法，2001年，东城区、西城区和朝阳区为核心层，其余地区为边缘层；2005年，东城区、西城区、朝阳区为核心层，其余地区为边缘层；2010年，东城区、西城区、朝阳区为核心层，其余地区为边缘层；2015年，东城区、西城区、朝阳区、海淀区、宁河区、石家庄、保定、廊坊、唐山、沧州、邯郸和邢台为核心层，其余地区为边缘层，其中值得注意的是，石家庄和保定成为第一核心层，超过北京的朝阳区和东城区；2019年，则形成以东城区、西城区、朝阳区和海淀区为核心层，其余地区为边缘层的结构。而根据加权度中心性，基于Gephi的聚类模型分析中的聚类算法（Louvain算法）识别的京津冀金融空间网络的等级层次性也印证了这一点。2001—2019年，京津冀金融空间结构由单核心圈层结构向多核心圈层结构渐进发育，涌现出金字塔结构的等级层次性，以北京的朝阳区、东城区、西城区、海淀区，天津的宁河区，河北的石家庄、保定、邯郸、唐山和廊坊为核心的"中心—边缘"格局不断凸显，如图5-2所示。

2001年，京津冀金融空间结构网络明显形成了以北京市东城区和朝阳区为第一圈层，西城区、石家庄、保定、海淀区、邢台、唐山、宁河区、南开区、河北区、邯郸、和平区和河西区为第二圈层，廊坊、衡水、秦皇岛、沧州、张家口、石景山区、东丽区、承德、西青区、武清区、河东区和红桥区为第三圈层，其他京津冀区域为第四圈层的多层次圈层结构。2005年，京津冀金融空间结构网络形成了以北京市的东城区和朝阳区为第一圈层，西城区、海淀区、宁河区、唐山、石家庄、保定、邢台、邯郸、廊坊、河西区和和平区为第二圈层，南开区、河北区、河东区、沧州、红桥区、秦皇岛、衡水、张家口、石景山区、承德、武清区、丰台区为第三圈层，其他京津冀区域为第四圈层的多层次圈层结构。2010年，京津冀金融空间结构网络形成了以北京市东城区和朝阳区为第一圈层，石家庄、保定、西城区、唐山、宁河区、邯郸、海淀区、邢台、廊坊和沧州为第二圈层，和平区、河西区、河东区、南开区、河北区、衡水、张家口、秦皇岛、承德、红桥区和武清区为第三圈层，其他京津冀区域为第四圈层的多层次圈层结构。2015年，京津冀金融空间结构网络形成了以河北省石家庄和保定为第一圈层，东城区、朝阳区、邯郸、唐山、宁河区、西城区、海淀区、邢台、沧州和廊坊为第二圈层，和平区、河西区、衡水、南开区、河北区、河东区、张家口、承德、秦皇岛、石景山区和红桥区为第三圈层，其他京津冀区域为第四圈层的多层次圈层结构。2019年，京津冀金融空间结构网络形成了以朝阳区和东城区为第一圈层，石家庄、保定、海淀区、西城区、邯郸、唐山、宁河区、邢台、廊坊和沧州为第二圈层，和平区、河西区、衡水、南开区、河北区、石景山区、河东区、张家口、承德、秦皇岛和武清区为第三圈层，其他京津冀区域为第四圈层的多层次圈层结构。

第五章 京津冀金融协同空间结构网络的构建与分析

（a）2001年金融空间结构网络　　　　（b）2005年金融空间结构网络

（c）2010年金融空间结构网络　　　　（d）2015年金融空间结构网络

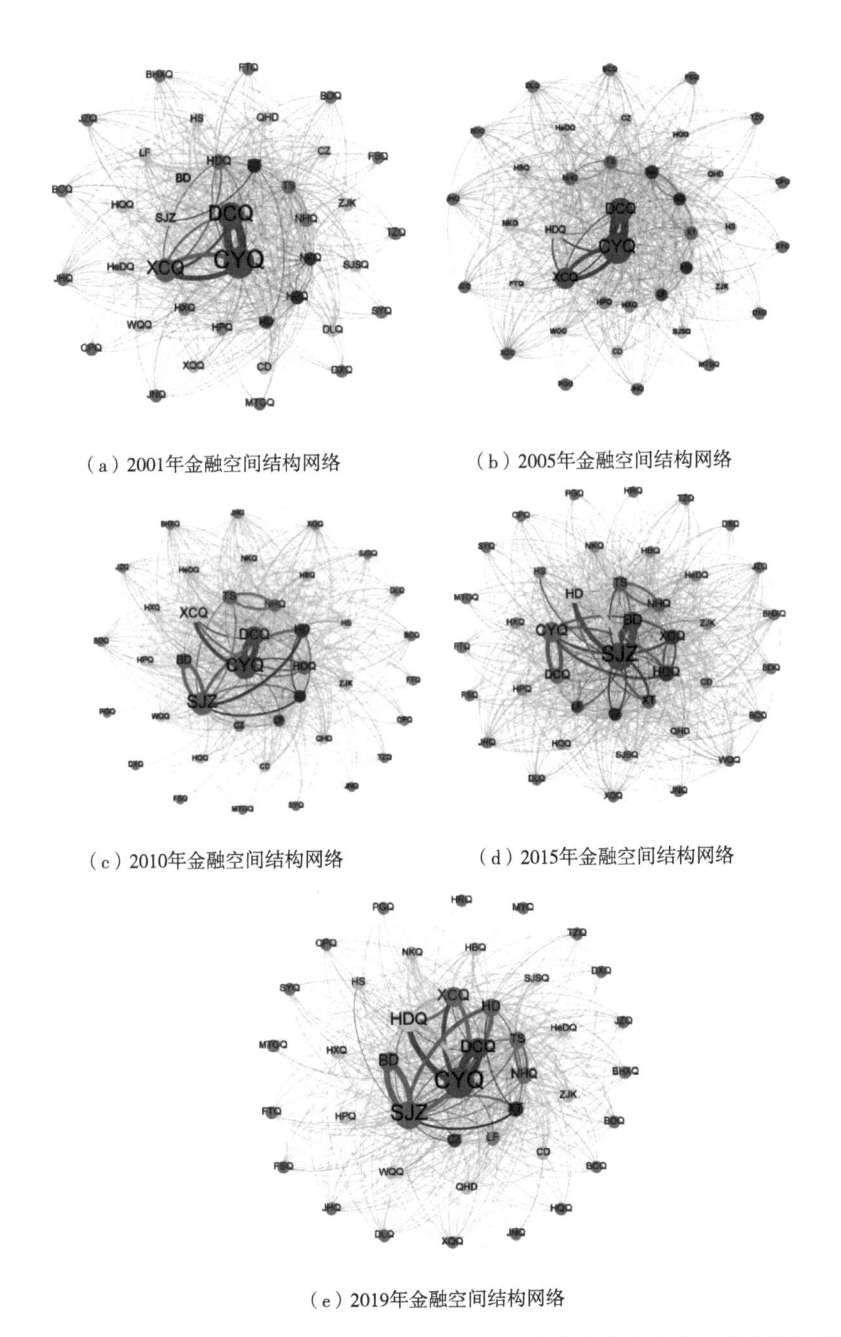

（e）2019年金融空间结构网络

图5-2　2001年、2005年、2010年、2015年、2019年京津冀金融空间结构演化网络

第四节　京津冀区域金融空间网络结构的影响因素识别

一、京津冀区域金融空间网络结构 QAP 模型构建与分析

本书将选取 QAP 回归分析法对京津冀区域金融空间结构关联网络的影响因素进行回归分析。一方面，分析人口、GDP、第二产业、第三产业、外资使用等因素对京津冀区域金融空间结构的影响；另一方面，分析京津冀金融空间结构在时间维度上的演进影响因素。使用的因变量和自变量为构建的金融空间结构网络，具体如表 5-5 所示。

表 5-5　构建不同 QAP 模型中使用的变量及其说明

模型	自变量	因变量
全行业 QAP 回归模型	t0 至 t-1 年期间的金融空间结构网络	t 年京津冀金融空间结构网络
分行业 QAP 回归模型	t 年保险空间结构网络	t 年京津冀金融空间结构网络
	t 年银行空间结构网络	t 年京津冀金融空间结构网络
	t 年证券空间结构网络	t 年京津冀金融空间结构网络

二、全行业空间结构网络 QAP 回归模型构建与分析

依据复杂网络分析工具中基于回归思想的 QAP 算法，首先对 2001—2019 年京津冀金融企业存续数据构建的 19 个矩阵关系进行全行业 QAP 分析，然后对银行、证券和保险矩阵关系数据进行分行业 QAP 分析。

$$Y_t = \beta_1 Y_{t-1} + \beta_2 Y_{t-2} + \beta_3 Y_{t-3} + \beta_4 Y_{t-4} + \beta_5 Y_{t-5} + \beta_6 Y_{t-6} + \beta_7 Y_{t-7} + \beta_8 Y_{t-8} + \beta_9 Y_{t-9} + \beta_{10} Y_{t-10}$$
$$+ \beta_{11} Y_{t-11} + \beta_{12} Y_{t-12} + \beta_{13} Y_{t-13} + \beta_{14} Y_{t-14} + \beta_{15} Y_{t-15} + \beta_{16} Y_{t-16} + \beta_{17} Y_{t-17} + \beta_{18} Y_{t-18} + \varepsilon$$

(5-6)

随机置换 2 000 次，回归分析结果如表 5-6 所示。其中，P1 表示随机置换产生的回归系数的绝对值不小于观察到的回归系数的随机置换占总置换次数的比例；P2 表示随机置换产生的回归系数的绝对值不大于观察到的回归系数的随机置换占总置换次数的比例。

表5-6 用2001—2018年的网络对2019年的网络进行QAP回归分析

解释变量	非标准化回归系数	标准化回归系数	显著性	P1	P2
截距	0.000	0.000	—	—	—
2001年的网络	-0.109	-0.075	0.003**	0.997	0.003
2002年的网络	0.097	0.066	0.036*	0.036	0.964
2003年的网络	0.117	0.078	0.188	0.188	0.813
2004年的网络	0.130	0.087	0.812	0.812	0.188
2005年的网络	0.029	0.019	0.737	0.737	0.264
2006年的网络	-0.040	-0.026	0.535	0.465	0.535
2007年的网络	0.201	0.134	0.000***	0.000	1.000
2008年的网络	-0.146	-0.106	0.000***	1.000	0.000
2009年的网络	-0.128	-0.100	0.669	0.331	0.669
2010年的网络	-0.050	-0.042	0.445	0.556	0.445
2011年的网络	-0.037	-0.041	0.000***	1.000	0.000
2012年的网络	-0.029	-0.032	0.004**	0.997	0.004
2013年的网络	-0.032	-0.034	0.031*	0.969	0.031
2014年的网络	0.193	0.194	0.000***	0.000	1.000
2015年的网络	-0.128	-0.114	0.003**	0.997	0.003
2016年的网络	-0.231	-0.240	0.900	0.100	0.900
2017年的网络	0.332	0.351	0.489	0.489	0.511
2018年的网络	0.824	0.917	0.000***	0.000	1.000

注：*、**、*** 分别表示通过10%、5%、1%水平下的显著性检验。$R^2 = 1.000$，Adj. $R^2 = 1.000$。

R^2 等于1，说明这些自变量能够全部解释因变量。从显著性来看，2019年的网络与2001年、2002年、2007年、2008年、2011年、2012年、2013年、2014年、2015年、2018年的网络显著相关，与其他年份的网络不相关。在显著性相关的网络中，2019年的网络与2002年、2007年、2014年、2018年的网络正相关，与2001年、2008年、2011年、2012年、2013年、2015年的网络负相关。特别地，从回归的系数绝对值来看，较之与 2014 年、2011 年、2008 年、2007 的关系，2019 年存续数量网络与 2018 年的网络结构呈现最强的正相关关系，反映出网络空间结构与最近邻年份的网络结构相关。再用 2001—2017 年的网络对 2018 年的网络进行回归分析，用 2001—2016 年的网络对 2017 年的网络进行回归分析，按照 1 年的窗口期进行滚动，均已验证网络空间结构与最近邻年份的网络结构相关这个结论的鲁棒性。

三、分行业空间结构子网络 QAP 回归模型构建与分析

通过大数据爬虫、数据库采集、年鉴文本挖掘，因数据可得性限制，只构建 2012—2016 年分行业网络，对京津冀区域银行业、证券业和保险业分别进行分析。在此基础上，分析存续全行业网络与单个证券（stock）、银行（bank）、保险（insure）网络之间的回归分析结果。

$$Y = \beta_1 stock + \beta_2 bank + \beta_3 insure + \varepsilon \tag{5-7}$$

首先对 2012 年单个证券、银行、保险之间的关联网络与 2012 年企业存续数量网络进行回归分析，然后分别对 2013 年、2014 年、2015 年和 2016 年的网络进行分行业回归分析，结果分别如表 5-7、表 5-8、表 5-9、表 5-10 和表 5-11 所示。

表 5-7 2012 年分行业回归分析

解释变量	非标准化回归系数	标准化回归系数	显著性	P1	P2
截距	0.005	0.000	—	—	—
2012 年的保险网络	0.488	0.417	0.002 **	0.002	0.999
2012 年的银行网络	-0.369	-0.255	0.004 **	0.996	0.004
2012 年的证券网络	0.721	0.381	0.003 **	0.003	0.997

注：*、* *、* * * 分别表示通过 10%、5%、1% 水平下的显著性检验。$R^2 = 0.351$，Adj. $R^2 = 0.350$。

表 5-8 2013 年分行业回归分析

解释变量	非标准化回归系数	标准化回归系数	显著性	P1	P2
截距	0.005	0.000	—	—	—
2012 年的保险网络	0.450	0.382	0.003 **	0.003	0.997

续表

解释变量	非标准化回归系数	标准化回归系数	显著性	P1	P2
2012年的银行网络	-0.342	-0.248	0.001***	0.999	0.001
2012年的证券网络	0.737	0.416	0.002**	0.002	0.999

注：*、**、*** 分别表示通过10%、5%、1%水平下的显著性检验。$R^2 = 0.373$，Adj. $R^2 = 0.372$。

表5-9 2014年分行业回归分析

解释变量	非标准化回归系数	标准化回归系数	显著性	P1	P2
截距	0.005	0.000	—	—	—
2012年的保险网络	0.446	0.404	0.003**	0.003	0.998
2012年的银行网络	-0.306	-0.226	0.001***	0.999	0.001
2012年的证券网络	0.543	0.321	0.002**	0.002	0.998

注：*、**、*** 分别表示通过10%、5%、1%水平下的显著性检验。$R^2 = 0.334$，Adj. $R^2 = 0.333$。

表5-10 2015年分行业回归分析

解释变量	非标准化回归系数	标准化回归系数	显著性	P1	P2
截距	0.004	0.000	—	—	—
2012年的保险网络	0.148	0.099	0.009**	0.009	0.991
2012年的银行网络	-0.125	-0.100	0.002**	0.998	0.002
2012年的证券网络	0.712	0.473	0.000***	0.000	1.000

注：*、**、*** 分别表示通过10%、5%、1%水平下的显著性检验。$R^2 = 0.220$，Adj. $R^2 = 0.220$。

表5-11 2016年分行业回归分析

解释变量	非标准化回归系数	标准化回归系数	显著性	P1	P2
截距	0.005	0.000	—	—	—
2012年的保险网络	0.507	0.398	0.002**	0.002	0.998
2012年的银行网络	-0.219	-0.166	0.005**	0.995	0.005
2012年的证券网络	0.385	0.222	0.005**	0.005	0.995

注：*、**、*** 分别表示通过10%、5%、1%水平下的显著性检验。$R^2 = 0.291$，Adj. $R^2 = 0.290$。

通过以上分析可知，2012—2016年，金融空间结构网络与分行业网络结构具有显著的相关关系。具体来说，全行业金融空间结构网络与保险网络和证券网络结构呈正相关关系，而与银行网络呈负相关关系。这说明保险和证券行业对于整个金融空间结构网络的形成起到重要的塑形作用。

第五节　本章小结

自京津冀协同发展上升为国家发展战略以来，京津冀不断加强区域金融合作与金融创新，促进金融资本的流动共享，以实现京津冀区域金融一体化、优化区域金融资源为目标，逐渐建立起了共建共享、统筹互助的发展机制。通过本书的理论分析，可以发现区域金融发展已成为区域经济建设的主流，各国均致力于与周边各国建立金融一体化市场，提高金融资源配置效率，以助力区域经济的高质量发展。结合本书的实证分析结果，可发现目前京津冀区域在金融一体化与区域金融资源配置效率方面仍具有较大提升空间，具有较迫切的金融协同发展需求，亟须加强金融资源整合，辐射区域经济高质量发展。因此，本章聚焦京津冀区域经济与金融发展实际，对标京津冀潜在的金融一体化与金融资源配置方面的阻碍因素，复盘京津冀以往的区域金融发展规划存在的问题，提炼出促进京津冀金融一体化与提高京津冀金融资源配置效率的关键路径，合力打出京津冀区域金融与区域经济协同发展的组合拳。

本章以龙信大数据和网络数据采集为数据源，采用大数据挖掘与分析技术、复杂网络分析技术和回归分析模型，系统描绘了2001—2019年京津冀金融空间结构网络的拓扑结构、空间结构和演化机制，得出以下结论：①2001—2019年，京津冀金融空间结构网络加权度的分布呈现典型的无标度特征，节点的各项中心性指标的中心势较大，两极分化显著，但分化状态呈现向好态势。京津冀金融空间结构网络由以北京东城、西城和朝阳区为核心层的单核心圈层结构向以北京东城、西城和朝阳区、河北石家庄、保定市和廊坊市和天津宁河区为核心层的多核心圈层结构渐进发育，涌现出金字塔结构的等级层次性，以北京、河北、天津为多核心的"中心—边缘"格局不断凸显。②2001—2019年，京津冀金融空间结构网络的网络直径不大于3，小世界性质显著，但网络的平均路径长度增加，网络链接密度逐年降低，说明京津冀金融空间结构亟需进一步协同融合。③2001—2019年，在金融空间结构演化机制上，通过引力模型和回归分析发现，京津冀金融空间结构网络演化在时间序列上呈现出受到最近时间点金融空间结构网络影响最大的特征，说明金融空间结构网络的生成具有明显的累积效应。此外，网络结构与银行、保险和证券等分行业空间结构子网络显著相关，其中保险和证券行业对于整个金融空间结构网络的形成起到重要的塑形作用。

第六章 京津冀创新协同网络的构建与分析

第一节 引 言

创新主体、创新资源和创新环境等构成多层交互的复杂网络。根据结构决定功能理论,能否准确有效地刻画多层创新网络,决定了能否正确认识多层创新网络的演化机理及其绩效评价。当前关于创新网络的研究更加注重在技术、资源、制度、文化等要素相互影响和迭代协同下,联合企业、政府、高校、科研机构等主体打造互联协作、资源互补、互惠共生的创新网络。但国内外已有研究多基于单一关系视角下的单层创新网络,多主体多关系视角下的多层网络模型研究较为鲜见。特别地,由于网络整体具有动态性,现有研究在静态网络模型上的分析很难捕捉其动态演化特征。因此,亟需从动态视角对城市群创新网络开展理论、实证与政策相结合的系统性研究。

多层动态网络模型能够较好地刻画复杂系统多主体、多层次的动态交互关系。因此,本章拟从多层动态网络视角出发,利用复杂系统、空间计量等多学科交叉方法,结合实际数据探究城市群创新网络。首先,构建城市群创新生态系统的多层动态网络模型,从结构和功能角度识别网络时空特征。其次,分析城市群创新生态系统各主体之间的网络耦合关系和动力机制,揭示城市群创新网络演进机理。最后,通过对京津冀城市群的实证分析,提出促进我国城市群创新环境治理与优化的政策建议,为中国现代化城市群创新生态系统的建设提供政策参考和决策依据。

第二节 创新网络的形成机理

学界关于创新网络的研究主要是从交易费用视角、主体嵌入视角、结构洞视角进行的。从交易费用视角来看，交易费用为创新主体的合作分工边界提供了理论支撑。创新主体基于创新网络能够更加容易建立潜在的协调机制，降低信息搜集成本和监督成本，减少机会主义行为。从主体嵌入视角来看，嵌入性填补了交易成本所忽略的市场中的关系秩序，基于信任形成社会关系中的有效嵌入。社会资本是信任的一种表现形式，其核心是网络和信任。从结构洞视角来看，1992年伯特（Burtrs）提出的结构洞是指网络中关系密度较高的区域，行为者（创新主体）所持有的结构洞数量越多，收益也就越高，结构洞与创新网络的形成具有一定作用。在最新的研究中，部分学者考虑到网络间的互动，将多层动态网络分析方法引入了金融、交通、生物学等领域，开辟了研究创新网络形成的新视角。

第三节　数据来源与说明

鉴于数据的可得性与准确性，样本时间跨度为 2012—2022 年。城市间专利转移数据来源于国家知识产权局的专利信息服务平台，在高级检索中对专利地址进行检索，获取北京市、天津市、河北省、上海市、广东省、浙江省、江苏省、山东省地级城市的专利转移相关信息。城市间科技服务业企业的资本互投数据来源于龙信大数据商用平台 2012—2022 年的科学技术服务业资本流入流出的互投矢量数据，在此基础上构建了全国 298 个地级及以上城市资本互投网络。

第四节　京津冀多层创新网络模型构建

城市群创新关联是城市之间多种动态耦合关系作用的体现，传统单层的复杂网络建模方法不能完全贴近现实情况。本章将以京津冀创新活动为研究对象，构建创新主体、创新资源和创新环境多层交互的复杂网络。

创新活动过程中最重要的便是资金和技术的流动和支持，城市在进行创新活动时会嵌入资本和技术组成的多层网络中。因此，笔者将利用京津冀科技成果转移和企业进行资本互投的数据构建多层创新网络，分析京津冀创新协同的路径与现状。多层网络构成创新协同网络，可以借助社会网络分析测度指标，包括度中心性、加权度中心性、中介中心性和接近中心性等，来研究京津冀创新协同的特征。

根据复杂网络理论方法，构建以城市为节点的多层网络。多层网络由创新资本网络层和科技成果转移层组成。创新资本网络层是以城市之间科学技术服务业资本流入和流出关系为边，资本流出规模为边权重的网络图。由于专利是具有代表性的创新科技成果，因此科技成果转移层是以城市为节点，城市之间专利转移为边，技术转移规模为边权重的创新技术关联网络图。

第五节　京津冀创新资本协同演变机理分析

一、京津冀创新资本互投在全国范围内的地位与作用

本书通过复杂网络方法探究北京在全国科学技术服务业网络中的地位、作用及其影响范围，以此分析北京科技成果转换机制和现状问题。图6-1至图6-4分别展示了所构建的2012年、2015年、2019年和2021年全国地级及以上城市的科学技术服务业资本互投网络。

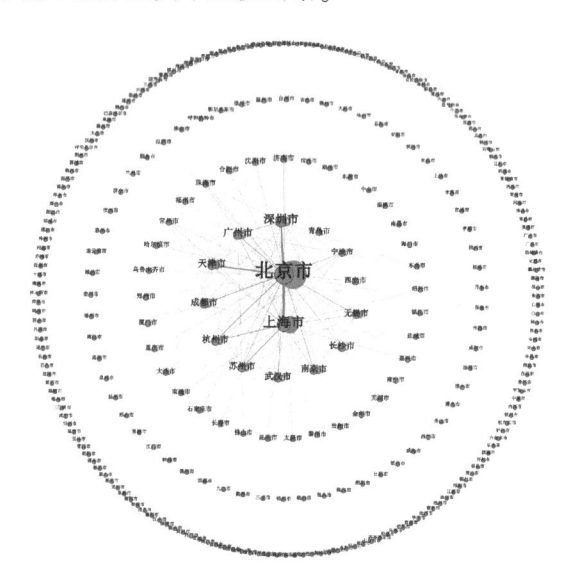

图6-1　2012年科学技术服务业资本互投网络

资料来源：依托龙信大数据和Gephi软件自绘。

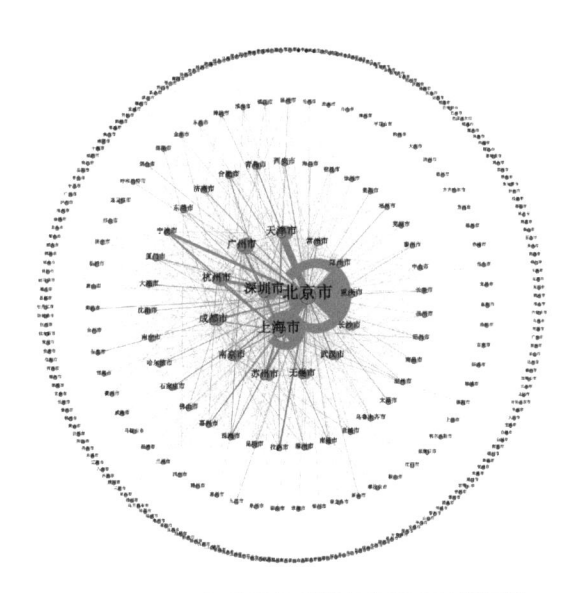

图 6-2　2015 年科学技术服务业资本互投网络

资料来源：依托龙信大数据和 Gephi 软件自绘。

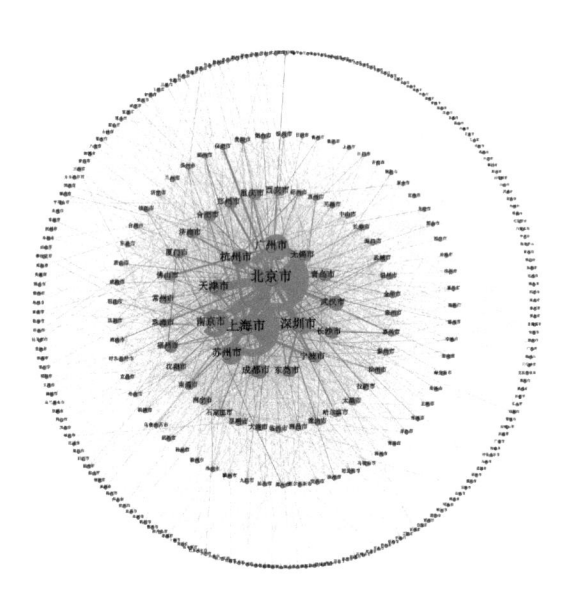

图 6-3　2019 年科学技术服务业资本互投网络

资料来源：依托龙信大数据和 Gephi 软件自绘。

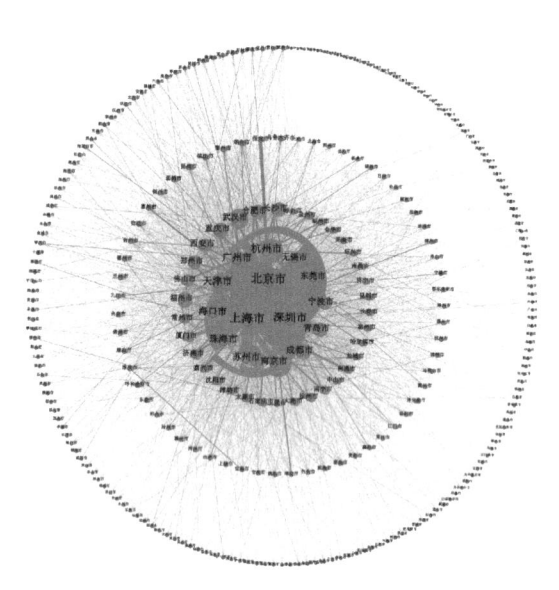

图 6-4　2021 年科学技术服务业资本互投网络

资料来源：依托龙信大数据和 Gephi 软件自绘。

利用复杂网络分析指标对各年份下科学技术服务业资本互投网络进行测度分析，全国 298 个地级及以上城市中，科学技术服务业资本流出企业数量前十名详见表 6-1 和表 6-2，科学技术服务业资本投资流入企业数量前十名详见表 6-3 和表 6-4。通过对这些表中的结果进行分析，可以得出以下结论：

第一，从城市群层面来看，京津冀城市群、长三角城市群和粤港澳大湾区城市群对全国其他城市的科技创新辐射带动作用明显，其中长三角地区的城市对外辐射呈迅速上升趋势。2012 年、2015 年、2019 年和 2021 年，资本流出企业数量前十名城市中来自三大城市群的城市占比分别为 90%、90%、80% 和 80%。其中，京津冀城市群层面，北京市始终处于排名前列，而天津市在 2015 年后滑出前五，对外科技资本辐射能力出现下滑趋势。长三角地区的上海市在排名中"后来者居上"。粤港澳大湾区的深圳市从 2012 年起稳居第三名。京津冀地区的北京市、长三角地区的上海市、粤港澳大湾区的深圳市一直稳居前三名，从转移数可以看出，它们的城市科技资本辐射能力呈逐年上升态势。

第二，从城市层面来看，北京市和上海市对全国城市的科学技术服务业投资辐射作用处于领先地位，天津辐射能力呈下滑趋势，河北对外科技辐射能力则明显不足。从科学技术服务业资本投资流出关系来看，北京市流出的企业数量从2012年的2 811户增长到2021年的30 861户，北京市始终是重要的创新辐射高地。但是，2019年北京流出的企业数量为8 582户，首次出现负增长。相较而言，上海市从2015年的6 730户增长到2019年的13 133户，年均增长18.19%，超越北京市，排名第一。

第三，北京市既是对外创新辐射的重要高地，也是创新科技资本的重要集聚地。2012年、2015年，北京科学技术服务业资本流入企业数排名第一。2019年和2021年，上海在吸纳创新科技资本方面超越北京，排名第一。2021年，上海和北京科学技术服务业资本流入企业数量差值很小。

表6-1 2012年和2015年科学技术服务业资本流出企业数量前十名

\multicolumn{3}{c|}{2012年}	\multicolumn{3}{c}{2015年}
排名	城市	转移数	排名	城市	转移数
1	北京	2 811	1	北京	11 616
2	上海	1 674	2	上海	6 730
3	深圳	785	3	深圳	3 274
4	杭州	571	4	杭州	2 007
5	天津	540	5	广州	1 980
6	南京	500	6	天津	1 762
7	广州	493	7	苏州	1 400
8	苏州	467	8	南京	1 297
9	无锡	374	9	成都	1 231
10	武汉	361	10	宁波	1 118

资料来源：龙信大数据平台。

表6-2 2019年和2021年科学技术服务业资本流出企业数量前十名

\multicolumn{3}{c|}{2019年}	\multicolumn{3}{c}{2021年}
排名	城市	转移数	排名	城市	转移数
1	上海	13 133	1	上海	30 978
2	北京	8 582	2	北京	30 861
3	深圳	6 248	3	深圳	10 303
4	广州	5 029	4	广州	8 422
5	南京	4 960	5	杭州	7 069

续表

2019 年			2021 年		
排名	城市	转移数	排名	城市	转移数
6	杭州	4 129	6	苏州	7 037
7	苏州	3 832	7	南京	6 788
8	天津	3 008	8	天津	5 588
9	成都	2 366	9	武汉	4 191
10	武汉	2 354	10	成都	3 655

资料来源：龙信大数据平台。

表 6-3　2012 年和 2015 年科学技术服务业资本流入企业数量前十名

2012 年			2015 年		
排名	城市	转移数	排名	城市	转移数
1	北京	3 183	1	北京	14 483
2	上海	1 555	2	上海	6 271
3	天津	553	3	广州	2 170
4	广州	541	4	天津	1 904
5	杭州	483	5	深圳	1 679
6	南京	481	6	杭州	1 627
7	深圳	461	7	成都	1 431
8	苏州	448	8	南京	1 216
9	无锡	435	9	苏州	1 163
10	成都	413	10	武汉	876

资料来源：龙信大数据平台。

表 6-4　2019 年和 2021 年科学技术服务业资本流入企业数量前十名

2019 年			2021 年		
排名	城市	转移数	排名	城市	转移数
1	上海	11 792	1	上海	31 109
2	北京	5 278	2	北京	28 739
3	南京	5 115	3	广州	7 634
4	广州	4 821	4	苏州	7 286

续表

2019 年			2021 年		
排名	城市	转移数	排名	城市	转移数
5	苏州	4 077	5	南京	6 624
6	天津	3 389	6	杭州	5 787
7	杭州	3 332	7	天津	5 142
8	武汉	2 766	8	武汉	4 574
9	成都	2 343	9	成都	3 886
10	深圳	2 310	10	深圳	3 652

资料来源：龙信大数据平台。

二、京津冀创新资本网络空间结构分析

（一）京津冀创新资本网络空间结构总体情况

为更加清晰地了解创新资本网络关系，运用 Gephi 0.10.1 软件绘制根据 2012 年、2015 年、2019 年、2022 年京津冀城市间创新资本数据所构建的网络空间结构图（见图 6-5），采用加权度设置节点大小，节点加权度越大，节点越大。

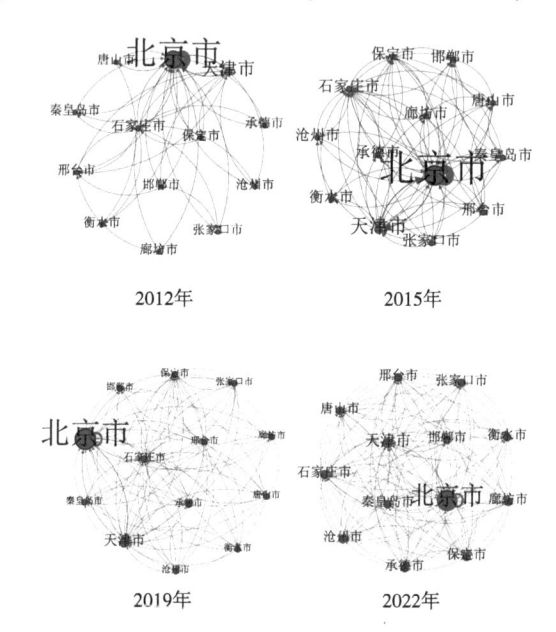

图 6-5 2012 年、2015 年、2019 年、2022 年京津冀创新资本网络空间结构图

由图 6-5 可以看出，京津冀城市群的科技服务业投资网络在 2012—2022 年显著加强和扩张。随着时间的推移，网络结构中的节点不断增大，网络内部连线越来越密集，说明 2012—2022 年京津冀创新资本合作交流不断增多。

从具体的网络指标（见表 6-5）来看，2012—2022 年，网络的连边数从 54 增加到 131，网络密度从 0.34 增加到 0.84，城市间的投资联系变得更加紧密。平均度从 4.15 增加到 10.07，表明城市与更多的其他城市建立了投资关系。连边数的增加、网络密度的提升和平均度的上升共同表明城市间的投资联系变得更为频繁和紧密，城市群内部的联系显著增加，城市之间的科技服务业投资活动更加活跃。平均最短路径从 1.77 减小到 1.24，反映了整个网络连接性的改进。网络的平均聚类系数整体上增加了，网络具有较小的平均最短路径和较大的平均聚类系数，说明整体网络具有小世界属性。平均加权度从 220.61 增加到 3 413.69，这表明不仅联系数量增加了，联系的强度（即投资企业的数量）也大幅提高，反映了区域内合作的深化以及科技服务业创新投资活动的整体增长。这些变化表征了京津冀城市群在支持创新和推动区域经济发展方面的积极进展。

表 6-5　京津冀创新资本整体网络指标

年份	连边数	网络密度	平均最短路径	平均聚类系数	平均度	平均加权度	网络直径
2012	54	0.34	1.77	0.60	4.15	220.61	3
2013	69	0.44	1.67	0.70	5.30	308.46	3
2014	86	0.55	1.53	0.72	6.61	631.76	2
2015	87	0.55	1.52	0.73	6.69	899.69	2
2016	100	0.64	1.44	0.70	7.69	1 247.84	2
2017	113	0.72	1.35	0.72	8.69	1 152.92	2
2018	111	0.71	1.37	0.75	8.53	1 180.30	2
2019	110	0.70	1.37	0.75	8.46	1 165.23	2
2020	128	0.82	1.26	0.78	9.84	1 510.38	2
2021	129	0.82	1.25	0.79	9.92	2 204.69	2
2022	131	0.84	1.24	0.78	10.07	3 413.69	2

从城市群创新活动的角度来看，这些变化表明京津冀城市群在科技服务业投资方面呈现出增长和强化的趋势。城市之间投资活动的增加可能促进了知识和技术的交流，提高了整个城市群的创新能力和区域经济的竞争力。网络密度的增加和平均度的增长可能意味着城市间的合作变得更为频繁，且合作网络覆盖面更广。

（二）京津冀创新资本网络中心性分析

网络中节点的加权度中心性数据能够反映各城市在创新资本输出方面的变化，体现整个区域内城市创新资本扩散能力，对于评估各城市在创新资本网络中的地位和作用非常有意义。城市之间的资本流动是它们在科技创新领域竞争力和合作力的体现。当一个城市的加权度提高时，意味着它在科技创新资本的输出上变得更加活跃和有影响力。本书使用 Gephi 软件计算 2012 年、2015 年、2019 年、2022 年京津冀城市群创新网络中各城市节点的加权出度和加权入度，结果分别见表 6-6 和表 6-7。

表 6-6　2012 年、2015 年、2019 年、2022 年节点加权出度

序号	城市	2012 年	2015 年	2019 年	2022 年
1	北京	1.00	1.08	1.08	1.08
2	天津	0.41	0.83	1.08	1.00
3	保定	0.33	0.75	0.91	1.00
4	唐山	0.25	0.33	0.66	0.91
5	廊坊	0.25	0.41	0.66	0.75
6	石家庄	0.75	1.00	1.08	1.08
7	秦皇岛	0.16	0.50	0.50	0.75
8	张家口	0.16	0.41	0.58	0.66
9	承德	0.16	0.16	0.41	0.66
10	沧州	0.25	0.33	0.50	0.75
11	衡水	0.08	0.33	0.41	0.66
12	邢台	0.25	0.66	0.75	0.91
13	邯郸	0.41	0.41	0.50	0.66
均值		0.34	0.55	0.70	0.83

从加权出度来看，2012 年、2015 年、2019 年、2022 年京津冀各城市节点的加权出度均值分别为 0.34、0.55、0.70、0.83，城市间的科技服务业资

本流动不断增加，创新资本扩散能力日渐加强，整个网络中创新资本输出整体呈现增长趋势，创新影响力不断增强。其中，北京一直具有最高的加权出度，说明北京这几年的科技服务业资本输出规模一直都很大，且基本保持稳定，能够将大量企业资金辐射到城市群中的其他城市，显示出作为国家科技创新中心的持续影响力。天津 2012 年的加权出度是 0.41，2019 年和 2022 年分别达到了 1.08 和 1.00。石家庄 2012 年的加权出度是 0.75，2019 年达到了 1.08，2022 年保持 1.08。天津和石家庄的加权出度快速增加到较大值，两市对外部城市的科技影响力显著增强，在创新资本网络中的地位大幅提升。

从加权入度来看，2012 年、2015 年、2019 年、2022 年京津冀各城市节点的加权入度均值分别为 0.34、0.55、0.70、0.83，创新资本流入的规模整体呈现增长趋势，城市间的创新资本吸纳能力不断提高，吸引和集聚创新资源方面的整体竞争力有所提升。北京的加权入度一直排名第一，并且在 2012 年和 2015 年明显强于其他城市。作为中国的政治中心、文化中心、教育中心和国际交流中心，北京在吸纳创新资本方面具有天然优势，其持续增强的吸收能力反映了其在创新资源配置中的中心地位。天津的加权入度显著增长，从 2012 年的 0.58 增长到 2022 年的 1.08，这可能是因为天津通过政策引导、产业升级和区域协同发展，有效提升了其吸引外部创新资本的能力。石家庄和唐山等城市在观察期内加权入度的提升也较为显著，表明城市在提升区域内创新资本吸收能力方面取得了显著成效。尤其是石家庄，加权入度从 2012 年的 0.33 增长到 2022 年的 1.08，这可能与其地方政府的创新驱动发展战略和产业政策优化有关。

表 6-7 2012 年、2015 年、2019 年、2022 年节点加权入度

序号	城市	2012 年	2015 年	2019 年	2022 年
1	北京	0.91	1.08	1.08	1.08
2	天津	0.58	0.91	1.08	1.08
3	保定	0.16	0.50	0.91	0.83
4	唐山	0.16	0.66	0.58	0.91
5	廊坊	0.16	0.33	0.50	0.75
6	石家庄	0.33	0.91	1.08	1.08
7	秦皇岛	0.33	0.50	0.58	0.58

续表

序号	城市	2012 年	2015 年	2019 年	2022 年
8	张家口	0.33	0.33	0.50	0.83
9	承德	0.25	0.41	0.66	0.66
10	沧州	0.25	0.33	0.58	0.66
11	衡水	0.33	0.25	0.50	0.91
12	邢台	0.50	0.41	0.50	0.83
13	邯郸	0.16	0.58	0.58	0.66
	均值	0.34	0.55	0.70	0.83

总体来说，京津冀地区创新方面的活力和影响力日益增强。这可能是政策支持、科技基础设施建设、人才集聚以及区域协同发展战略的推进等因素共同作用的结果。随着创新资本的不断流动，京津冀地区将在更广泛的区域范围内形成较强的创新引领效应。

第六节　京津冀创新技术协同演变机理分析

科技成果的转化方式主要包括技术转让、技术许可、作价入股、共同实施、自行转化和其他方式等。其中，技术转让是最重要的方式之一。因此，本部分重点采集全国 31 个省（自治区、直辖市）的专利数据，以城市为节点，城市间的专利转让关系为边构建专利转让网络。通过对专利转让网络的测度分析，探究北京科技成果转化在技术转让层面的路径模式。

本部分从智慧芽商业大数据平台采集 2012—2022 年的专利数据，并选取全国 31 个省（自治区、直辖市）作为研究对象进行分析。表 6-8 和表 6-9 分别统计了北京市流转到河北省和天津市的专利申请量和专利公开量数据。

表 6-8　北京市流转到河北省的专利申请数量和专利公开量数据

年份	专利申请量（项）	专利公开量（项）
2012	558	126
2013	771	476
2014	1 509	1 161

续表

年份	专利申请量（项）	专利公开量（项）
2015	950	900
2016	978	966
2017	1 073	1 134
2018	894	958
2019	697	908
2020	560	742
2021	421	677
2022	225	525

资料来源：智慧芽商业大数据平台。

表6-9　北京市流转到天津市的专利申请数量和专利公开量数据

年份	专利申请量（项）	专利公开量（项）
2012	624	171
2013	596	320
2014	1 210	1 030
2015	892	709
2016	1 014	763
2017	414	983
2018	305	521
2019	223	433
2020	317	346
2021	136	308
2022	61	184

资料来源：智慧芽商业大数据平台。

一、北京专利流转到河北、天津的整体情况

从专利数据的所有权转移趋势来看，受京津冀协同发展战略政策的利好影响，2014年北京转移到河北省和天津市的专利数量达到近十年的最高峰，后续则逐渐出现放缓的现象，即整体的专利申请量和专利公开量呈现先增加后降低的趋势。

二、基于 IPC 分类的专利网络结构的构建与特征分析

本书基于专利数据构建专利转移网络，基于专利所在的原始地址和当前地址构建网络节点，基于专利所有权的变更方向构建网络关系，依次构建专利转移网络关系。

（一）北京专利流出网络构建与分析

为了更加聚焦京津冀城市群，本书构建的专利转移网络范围数据限于北京市、天津市、河北省、上海市、广东省、浙江省、江苏省、山东省。由于北京市具有很强的创新源，因此，基于北京市专利所有权转移数量降序方式，利用 IPC 专利号排序转移的专利类型，并根据转移关系构建北京市流转到其他省份的专利转移网络，得到由 94 个节点、136 条边构成的异质有向有权网络（如图 6-6 所示）。异质是因为网络中包含两种不同类型的节点：城市节点

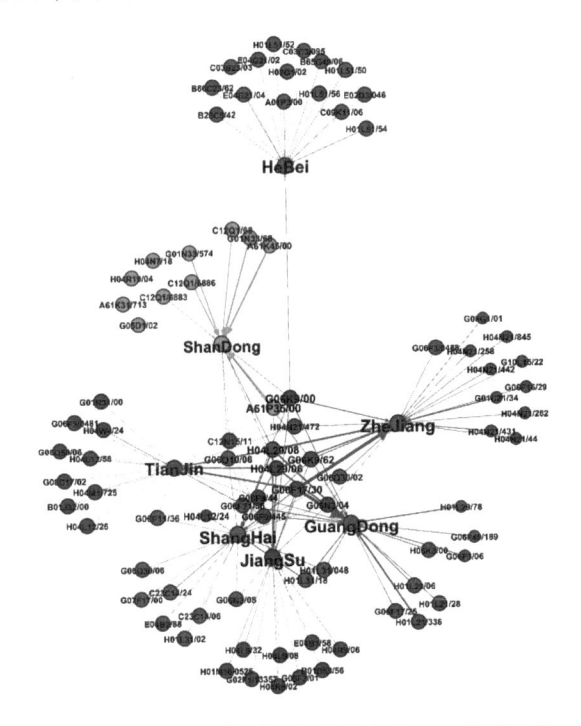

图 6-6 北京市流转到各省份的专利 IPC 转移网络

资料来源：作者整理计算所得。

和专利 IPC 类型节点。有向是因为节点的连边表示专利从原始地变更到当前地的转移过程，网络连边的权值表示 2012—2022 年 IPC 类型的专利转移总数量。

从北京市流转出去的专利数量来看，流入天津市和河北省的专利明显不足。利用复杂网络的各种测度指标对图 6-6 的专利转移网络进行分析，得到如表 6-10 所示的数据。从表 6-10 不难发现，北京市流转到各省份的专利数量按照降序排列分别为广东省（2 791 件）、浙江省（2 438 件）、山东省（2 402 件）、上海市（1 555 件）、江苏省（1 431 件）、天津市（1 385 件）和河北省（949 件）。

表 6-10　北京市流转专利 IPC 转移网络的指标测度排名（加权入度前十名）

节点（v）	D^{in}	D^{out}	WD^{in}	WD^{out}	CC	CB	$a(v)$	$h(v)$	$p(v)$
广东（Guangdong）	19	0	2 791	0	0	0	0.39	0	0.06
浙江（Zhejiang）	20	0	2 438	0	0	0	0.39	0	0.07
山东（Shandong）	17	0	2 402	0	0	0	0.32	0	0.05
上海（Shanghai）	20	0	1 555	0	0	0	0.46	0	0.05
江苏（Jiangsu）	20	0	1 431	0	0	0	0.43	0	0.06
天津（Tianjin）	20	0	1 385	0	0	0	0.38	0	0.06
河北（Hebei）	20	0	949	0	0	0	0.17	0	0.09

资料来源：作者整理计算所得。

从北京市流转出去的专利类型主要分布在 IPC 分类的 G 部（物理）和 H 部（电技术）。从转移的专利类型来看，转移数量最多的十种类型专利为 G06F17/30（信息检索）、H04L29/08（传输控制规程）、H04L29/06（以协议为特征的）、A61P35/00（抗肿瘤药）、G06K9/00（识别模式的方法或装置）、G06K9/62（应用电子设备进行识别的方法或装置）、A61K45/00（含有效成分的医用配置品）、G01N33/68（涉及蛋白质、肽或氨基酸的）、H01L31/18（专门适用于制造或处理这些器件的方法或设备）和 C12Q1/68（用于癌症的免疫监测）。

各省份承接北京市流转出去的专利类型呈现明显的地域特征。可以发现，各省份对专利的类型需求不同，这主要是因为各省份的产业有所差异。山东省主要分布在 A 部和 C 部类型的专利流入需求，而浙江省、江苏省、天津市、上海市和广东省多为 G 部和 H 部的专利流入需求。河北省的需求比较庞杂，涉及 A 部、B 部、C 部和 H 部的专利。此外，A61P35/00（抗肿瘤药）、G06K9/00（识别模式的方法或装置）、H04L29/08（传输控制规程）、H04L29/06（以协议为特征的）、G06F17/30（信息检索）、G06K9/62（应用电子设备进行识别的方法或装置）、G06N3/04（网络组合）、G06Q10/06（资源、工作流程、人员或项目管理）和 H04L12/24（用于维护或管理的装置）类型的专利是各省份共性需求较多的专利。

同时，本书还基于专利的 GBC 分类号构建了北京市流转到各省份的专利转移网络，如图 6-7 所示。

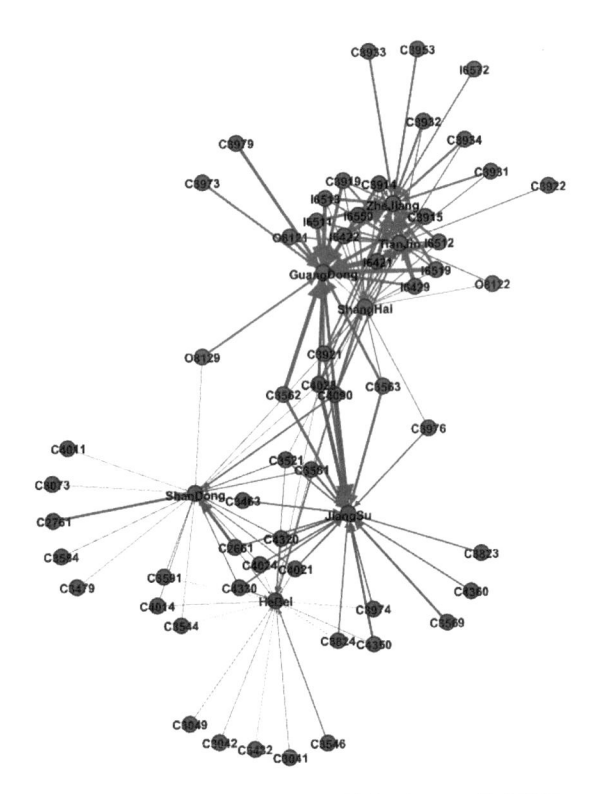

图 6-7 北京市流转到各省份的专利 GBC 转移网络

资料来源：作者整理计算所得。

从北京市流转出去的专利类型主要分布在 GBC 分类的 C 部（制造业）和 I 部（信息服务业）。具体而言，北京市流向江苏省、山东省和河北省的专利多集中于制造业（C 类别），而流向广东省、天津市和上海市的专利多集中于制造业（C 类别）和信息服务业（I 类别），具有明显的地域分布特征。

（二）北京市流入河北省的专利转移网络构建与分析

为进一步提升北京市科技创新成果就近转化能力，本书还构建了北京市流入河北省的专利转移网络和流入天津市的专利转移网络，分别如图 6-8 和图 6-9 所示。

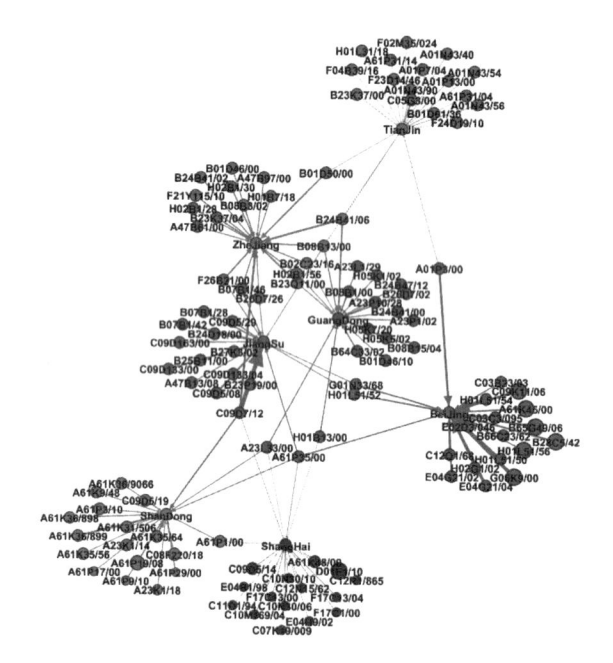

图 6-8　北京市流入河北省的专利 IPC 转移网络

资料来源：作者整理计算所得。

北京市目前仍是流入河北省最多的专利转移策源地，而天津市和河北省专利转移互动性不强。从图 6-8 可见，流入河北省的专利转移网络共 122 个节点，140 条连边。通过社会网络分析方法对图 6-8 进行分析，得到以下结论：

（1）按照流入专利数量进行降序排名，河北省的转移数据来源最多的省市依次为北京市（949 件）、浙江省（55 件）、江苏省（511 件）、广东省（438 件）、山东省（407 件）、天津市（194 件）和上海市（158 件）。

（2）流入河北省的专利主要分布在 IPC 分类的 A 部（人类生活必需品）

和B部（作业运输业）。从转移的专利类型来看，转移到河北省数量最多的十种类型专利为C09D7/12（其他添加剂）、A61P35/00（抗肿瘤药）、B24B41/06（工作支架）、G06K9/00（识别模式的方法或装置）、B08B13/00（一般用于清洁机器或设备的附件或零件）、H01L51/54（材料选择）、E04G21/04（既能用于输送又能用于布配的设备）、A01P3/00（杀菌剂）、H01L51/52（器件的零部件）和C09K11/06（含有机发光材料），即主要集中于食物药剂、材料和零件领域。

（3）各省份流入河北省的专利具有典型的地域分布特征。各省份对专利的类型需求不同，这主要是因为各省份的产业有所差异。山东省流入的专利多分布在A部（人类生活必需）；江苏省流入的专利多分布在B部（作业；运输）和C部（化学）；上海市流入的专利多分布在C部（化学）；浙江省流入的专利多分布在B部（作业；运输）和H部（电技术）。

（4）人类生活必需品和作业运输类型的专利是各省份具有共性供应的专利。例如，C09D7/12（其他添加剂）、A61P35/00（抗肿瘤药）、B08B13/00（一般用于清洁机器或设备的附件或零件）、B24B41/06（工作支架）、A23L33/00（改变食品的营养性质）、A01P3/00（杀菌剂）、H01L51/52（器件的零部件）、G01N33/68（涉及蛋白质、肽或氨基酸的）、B23Q11/00（适用于保持刀具或机床部件良好的工作状态）和F26B21/00（干燥固体材料或制品用的空气或控制装置）类型的专利是各省份共性供应较多的专利。

（三）北京市流入天津市的专利转移网络构建与分析

北京市目前仍是流入天津市最多的专利转移策源地，而河北省流入天津市的专利转移数量排名较为靠后。从图6-9可见，流入天津市的专利转移网络共128个节点，140条连边。通过社会网络分析方法对图6-9进行分析，得到以下结论：

（1）按照流入专利数量进行降序排名，天津市的转移数据来源最多的省市依次为北京市（1 385件）、广东省（368件）、浙江省（255件）、山东省（245件）、江苏省（225件）、上海市（166件）和河北省（104件）。

（2）流入天津市的专利主要分布在IPC分类的G部（物理）和H部（电技术）。从转移的专利类型来看，转移到天津市数量最多的十种类型专利为G06F17/30（信息检索）、H04L29/08（传输控制规程）、H04L29/06（以协议为特征的）、H04W4/24（计费或收费）、G06F9/445（程序的加载或启动）、

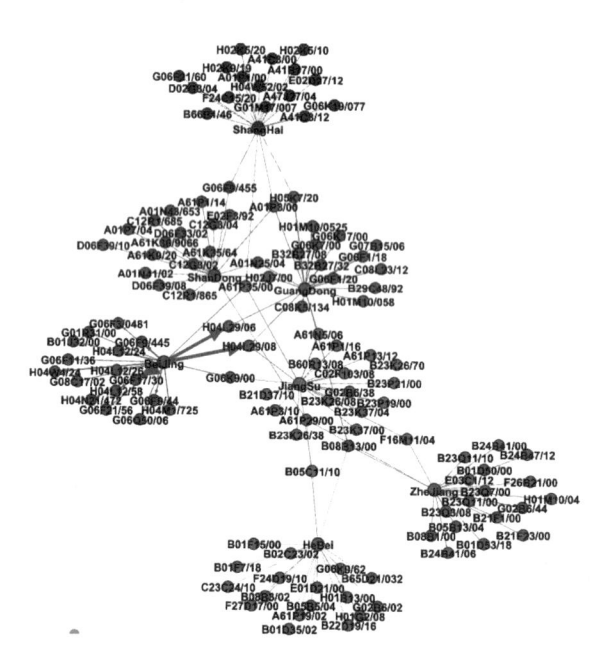

图 6-9 北京市流入天津市的专利 IPC 转移网络

资料来源：作者整理计算所得。

H04L12/58（消息交换系统）、A61P35/00（抗肿瘤药）、H04M1/725（无绳电话机）、G06F9/44（用于执行专门程序的装置）和 H05K7/20（便于冷却、通风或加热的改进），即主要分布在电子信息领域。

（3）各省份流入天津市的专利具有典型的地域分布特征。各省份对专利的类型需求不同，这主要是因为各省份的产业有所差异。山东省聚焦于 A 部和 C 部类型的专利，河北省和浙江省的专利多分布在 B 部类型，北京市和上海市的专利多分布在 G 部和 H 部类型，江苏省的专利多分布在 A 部和 B 部类型。

（4）人类生活必需品和作业运输类型的专利是各省份具有共性供应的专利。例如，H04L29/08（传输控制规程）、A61P35/00（抗肿瘤药）、A01P3/00（杀菌剂）、B08B13/00（一般用于清洁机器或设备的附件或零件）、A61P29/00（非中枢性止痛剂）、H04L29/06（以协议为特征的）、H05K7/20（便于冷却、通风或加热的改进）、G06K9/00（识别模式的方法或装置）、A61N5/06（利用光）和 A01N25/04（分散体或凝胶体）类型的专利是各省份共性供应较多的专利。

综上所述，近十年北京市转移到河北省的专利主要分布在制造业和设备、医疗行业；北京市转移到天津市的专利主要分布在信息产业与互联网行业。

三、京津冀创新技术转移网络空间结构分析

（一）京津冀创新技术转移网络空间总体情况

本书运用 Gephi 0.10.1 软件绘制了 2012—2022 年京津冀创新技术转移网络（见图 6-10），采用加权度设置节点大小，节点加权度越大，节点越大。

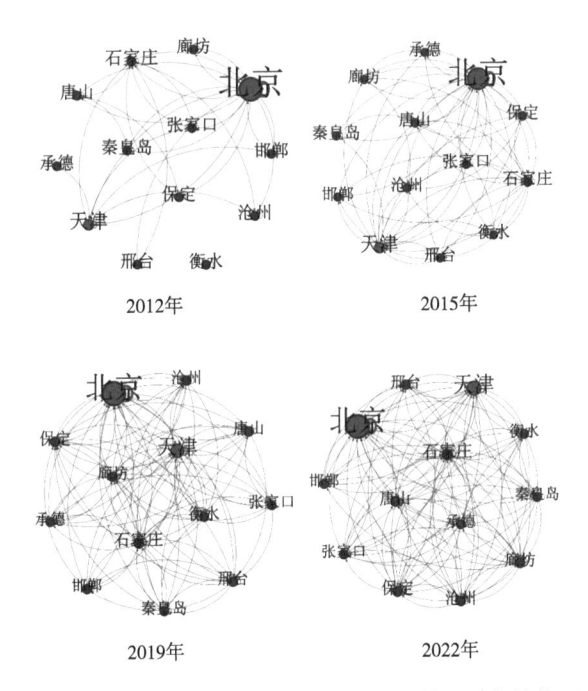

图 6-10　2012—2022 年京津冀创新技术转移网络结构图

由图 6-10 可以看出，京津冀城市群的创新技术转移网络在 2012—2022 年显著加强和扩张。随着时间的推移，网络结构中的节点不断增大，网络内部连线越来越密集，说明 2012—2022 年京津冀创新技术转化交换频率不断增大。

从具体的网络指标（见表 6-10）来看，网络的连边数从 2012 年的 42 条增加到 2021 年的 129 条，2022 年略有减少，但整体来看连边数是增加的，说明专利所有权的转移事件发生得更加频繁，更多的专利由于合作、并购、技

术转让等商业活动从一个城市转移到另一个城市。专利所有权的流动增加反映了市场上技术创新和知识产权的活跃交易，表明京津冀地区内部技术创新活动的活跃程度不断提高。网络密度从2012年的0.26提高到2022年的0.78，网络中的节点之间连接更为紧密，每个节点都更有可能与其他节点建立联系，也就是说技术转移变得更为普遍和广泛，各持有者之间的交互更加频繁，说明创新技术的传播和商业化转化在加速，整个网络的协同效应可能增强。平均最短路径从2012年的1.90减小到2022年的1.30，反映了整个网络连接性的改进，同时网络的平均聚类系数整体上增加了，网络具有较小的平均最短路径和较大的平均聚类系数，说明整体网络具有小世界属性。平均最短路径的减小意味着从一个节点到另一个节点所需的步数在减少，表明网络的效率得到提高；较高的聚类系数表明存在较多的紧密关联的实体团簇，这可能与创新技术领域的小规模集中化趋势有关。平均度和平均加权度都逐年提高，表明平均每个城市参与技术转移的关系数量在增加，反映了地区内专利转移活动的增长和多元化。

表6-11 京津冀整体创新技术转移网络指标

年份	连边数	网络密度	平均最短路径	平均聚类系数	平均度	平均加权度	网络直径
2012	42	0.26	1.90	0.57	3.23	880.07	3
2013	50	0.32	1.91	0.57	3.84	1 145.38	3
2014	58	0.37	1.68	0.69	4.46	2 437.00	2
2015	75	0.48	1.60	0.68	5.76	5 214.84	2
2016	82	0.52	1.55	0.72	6.30	9 477.92	2
2017	102	0.65	1.42	0.72	7.84	7 813.84	2
2018	105	0.67	1.41	0.71	8.07	10 464.84	2
2019	114	0.73	1.35	0.74	8.76	12 938.92	2
2020	114	0.73	1.35	0.73	8.76	19 388.53	2
2021	129	0.82	1.25	0.80	9.92	28 573.61	2
2022	122	0.78	1.30	0.78	9.38	29 111.84	2

上述变化反映了京津冀地区在创新技术转移和转化方面的活跃度提高，表明京津冀地区的技术创新生态系统正在变得更加成熟和密集，这可能进一步提高该地区的科技创新能力，进而推动该地区的经济增长。

（二）京津冀创新技术转移网络中心性分析

网络中节点的加权度中心性数据能够反映区域内各城市技术扩散和技术转化能力，于评估各城市在创新技术网络中的地位和作用非常有意义。城市之间通过技术转移吸引和内化创新资源。当一个城市的加权度提高时，意味着它在建立更广泛的技术合作网络和促进技术转移。本书使用 Gephi 软件计算 2012 年、2015 年、2019 年、2022 年京津冀城市群创新技术网络中各城市节点的加权出度和加权入度，结果分别见表 6-12 和表 6-13。

从加权出度来看，2012 年、2015 年、2019 年、2022 年京津冀各城市节点的加权出度均值均为 0.076，虽然个别城市之间存在差异，但作为一个整体，京津冀地区技术创新扩散能力保持相对稳定。北京的加权出度远远大于其他城市，因为北京聚集了大量的科研机构、高等院校和高科技企业，这些机构和企业在科技创新和专利产出方面具有领先优势，有助于产生大量专利和技术创新。北京的加权出度从 2012 年的 0.838 降低到 2022 年的 0.521，这表明北京在此期间的专利转移活动相对减少，北京的创新更多地保留在本地，或者转移方式可能更多的是非专利形式的技术转移和商业化。尽管北京的加权出度绝对数值有所下降，但其在创新资本的输出上依然占据领先地位，反映了其深厚的创新能力和广泛的影响力。天津的加权出度从 2012 年的 0.097 提高到 2022 年的 0.184，天津在科技创新和技术转移方面逐渐崭露头角，正在成为京津冀地区内的又一个创新活动中心。石家庄等城市的加权出度相对较低，但逐年有所增长，表明这些城市在技术创新扩散方面的活跃度逐渐提高。

表 6-12 2012 年、2015 年、2019 年、2022 年节点加权出度

序号	城市	2012 年	2015 年	2019 年	2022 年
1	北京	0.838	0.731	0.618	0.521
2	天津	0.097	0.123	0.182	0.184
3	保定	0.007	0.025	0.029	0.051
4	唐山	0.006	0.018	0.023	0.032

续表

序号	城市	2012 年	2015 年	2019 年	2022 年
5	廊坊	0.004	0.013	0.019	0.030
6	石家庄	0.028	0.033	0.049	0.064
7	秦皇岛	0.004	0.012	0.010	0.012
8	张家口	0.000	0.003	0.005	0.007
9	承德	0.001	0.002	0.004	0.006
10	沧州	0.001	0.010	0.017	0.029
11	衡水	0.001	0.008	0.011	0.015
12	邢台	0.001	0.007	0.013	0.022
13	邯郸	0.005	0.010	0.012	0.020
均值		0.076	0.076	0.076	0.076

从加权入度来看，2012年、2015年、2019年、2022年京津冀各城市节点的加权入度均值均为0.076，且和加权出度均值大小一致，说明京津冀地区技术转化、吸纳创新技术的能力和技术扩散能力相当，并保持相对稳定。北京的加权入度从2012年的0.839下降到2022年的0.521，尽管有所下降，但北京仍然是所有城市中加权入度最高的。这表明北京在吸纳外部专利和技术转化方面仍然占据领先地位，这与其科技基础设施的完善、高新技术企业和研发机构的集中以及对创新和科技人才的吸引有关。天津的加权入度从2012年的0.097上升到2022年的0.184，表明天津在吸纳和转化创新技术方面的能力显著提高。天津增强了其作为科技创新接收方的能力，逐渐成为该地区内创新技术的重要吸纳中心。

表6-13 2012年、2015年、2019年、2022年节点加权入度

序号	城市	2012 年	2015 年	2019 年	2022 年
1	北京	0.839	0.728	0.619	0.521
2	天津	0.097	0.123	0.180	0.184
3	保定	0.008	0.025	0.029	0.051
4	唐山	0.006	0.019	0.024	0.032
5	廊坊	0.005	0.013	0.020	0.030

续表

序号	城市	2012年	2015年	2019年	2022年
6	石家庄	0.026	0.032	0.050	0.064
7	秦皇岛	0.003	0.012	0.010	0.012
8	张家口	0.001	0.005	0.005	0.007
9	承德	0.001	0.002	0.004	0.006
10	沧州	0.001	0.011	0.017	0.029
11	衡水	0.001	0.008	0.012	0.015
12	邢台	0.001	0.007	0.013	0.022
13	邯郸	0.005	0.011	0.012	0.020
	均值	0.076	0.076	0.076	0.076

第七节 创新网络 QAP 分析

本书利用 Ucinet 6 软件对 2012—2022 年的资本互投网络和技术专利网络做 QAP 分析，探究两种关系网络之间的相关性。

表 6-14 展示了 2012—2022 年专利转移与资本互投关系矩阵实际皮尔逊相关系数；表 6-15 展示了 2012—2022 年专利转移与资本互投关系矩阵相关性的显著性水平（P 值）。可知，两个关系矩阵之间是正相关的，相关系数皆在 0.7 至 1 之间，并且通过了 1% 的显著性水平检验，统计意义上显著。因此，"创新技术转移关系"与"创新资本互投关系"在统计意义上是相关联的。上述结果表明，城市群内多个城市之间建立创新技术转移关系和建立创新资本互投关系密切正相关。城市之间每年进行创新技术转移与创新资本互投的创新协同行为，均存在显著的相关关系。这从相关分析的角度为本书的理论逻辑提供了经验证据。

表 6-14 2012—2022 年专利转移（行）与资本互投（列）矩阵皮尔逊相关系数

年份	2012	2013	2014	2015	2016	2017	2018	2019	2020	2021	2022
2012	0.881	0.871	0.869	0.860	0.864	0.865	0.836	0.848	0.853	0.868	0.873

续表

年份	2012	2013	2014	2015	2016	2017	2018	2019	2020	2021	2022
2013	0.912	0.906	0.935	0.879	0.917	0.940	0.953	0.930	0.848	0.898	0.926
2014	0.832	0.836	0.887	0.792	0.846	0.891	0.939	0.902	0.760	0.825	0.861
2015	0.876	0.869	0.863	0.844	0.866	0.874	0.862	0.864	0.837	0.864	0.884
2016	0.959	0.958	0.959	0.942	0.957	0.966	0.950	0.938	0.902	0.939	0.971
2017	0.898	0.897	0.878	0.890	0.888	0.890	0.854	0.869	0.886	0.897	0.913
2018	0.947	0.939	0.905	0.947	0.934	0.915	0.853	0.866	0.918	0.929	0.939
2019	0.880	0.874	0.817	0.900	0.862	0.823	0.731	0.756	0.864	0.856	0.858
2020	0.943	0.937	0.902	0.947	0.929	0.907	0.842	0.856	0.912	0.922	0.933
2021	0.876	0.867	0.823	0.880	0.852	0.822	0.753	0.764	0.839	0.850	0.866
2022	0.863	0.865	0.833	0.871	0.857	0.838	0.805	0.869	0.945	0.925	0.891

表6-15 2012—2022年专利转移（行）与资本互投（列）矩阵相关显著性水平

年份	2012	2013	2014	2015	2016	2017	2018	2019	2020	2021	2022
2012	0.000	0.000	0.000	0.000	0.000	0.000	0.000	0.000	0.000	0.000	0.000
2013	0.000	0.001	0.001	0.008	0.000	0.000	0.001	0.002	0.002	0.002	0.002
2014	0.000	0.000	0.000	0.000	0.000	0.000	0.000	0.008	0.000	0.002	0.000
2015	0.000	0.000	0.000	0.000	0.000	0.000	0.000	0.001	0.001	0.001	0.000
2016	0.000	0.000	0.000	0.000	0.000	0.000	0.000	0.001	0.001	0.000	0.000
2017	0.000	0.000	0.000	0.000	0.000	0.000	0.000	0.000	0.000	0.000	0.000
2018	0.000	0.000	0.000	0.000	0.000	0.000	0.000	0.007	0.004	0.001	0.000
2019	0.000	0.000	0.000	0.007	0.000	0.000	0.007	0.000	0.000	0.008	0.000
2020	0.000	0.000	0.002	0.000	0.000	0.000	0.007	0.008	0.001	0.000	0.000
2021	0.000	0.000	0.007	0.000	0.000	0.007	0.007	0.008	0.001	0.001	0.000
2022	0.001	0.000	0.000	0.000	0.000	0.000	0.001	0.000	0.000	0.000	0.000

注：变量均为13×13矩阵；随机置换5 000次。

但相关关系并不代表回归关系。在QAP相关分析的基础上，为了揭示创新资本互投关系对创新技术转移关系的影响，还需要进行QAP回归分析。

下面进一步将2012—2022年的专利转移矩阵关系对资本互投矩阵关系进

行回归分析，探讨能否根据"创新资本互投关系"的模式预测城市之间的"创新技术转移关系"，这样根据已知的城市群内的资本互投关系，可以一定程度上预测哪些城市之间可以形成技术合作转移。矩阵的回归是把一个矩阵的元素看成是因变量，把另一个矩阵中相应的元素看作是自变量，然后进行拟合检验。矩阵的回归分析也是利用 Ucinet 6 软件进行计算的。

表 6-16 展示了逐年 QAP 回归结果，其中自变量为资本互投矩阵关系，因变量为技术转移矩阵关系。QAP 回归结果动态地揭示了创新资本互投关系对创新技术转移关系的影响。与传统的 OLS 回归不同，QAP 回归结果报告了两类回归系数，分别是非标准化回归系数和标准化回归系数。与非标准化回归系数相比，标准化回归系数具有两个明显优势：一是标准化回归系数不受观测值量纲的影响，而非标准化回归系数则是与观测值的量纲密切相关的；二是标准化回归系数能够提供更多的有用信息。尽管标准化回归系数与非标准化回归系数的数值不同，但符号相同，即标准化未改变变量作用的方向。回归结果显示，标准化回归系数都在 0.7 以上，而且均通过了 5% 的显著性检验。这一结果表明，创新资本互投关系对创新技术转移关系存在显著影响。在影响强度的变化趋势上，创新资本互投关系对创新技术转移关系的影响强度呈现出波动趋势。从模型拟合情况看，模型调整后的 R^2（Adj. R^2）最小时为 2019 年的 0.571，这意味着创新资本互投关系可以解释创新技术转移关系的 57.1%，超过 50% 的解释力度；最大时在 2016 年，达到 0.915，这意味着创新资本互投关系可以解释创新技术转移关系的 91.5%。因此，样本期内，在不考虑控制变量情形下，创新资本互投关系在创新技术转移关系中扮演重要且主要的角色。

表 6-16 逐年 QAP 回归结果

解释变量	Adj. R^2	非标化回归系数	标准化回归系数	显著性	P_{large}	P_{small}
2012 年的网络	0.777	0.361	0.881	0.000	0.000	1.000
2013 年的网络	0.822	0.374	0.906	0.000	0.001	1.000
2014 年的网络	0.786	0.527	0.886	0.001	0.001	1.000
2015 年的网络	0.712	0.424	0.843	0.002	0.001	1.000
2016 年的网络	0.915	0.457	0.956	0.000	0.000	1.000

续表

解释变量	Adj. R^2	非标化回归系数	标准化回归系数	显著性	P_{large}	P_{small}
2017 年的网络	0.791	0.353	0.889	0.000	0.001	1.000
2018 年的网络	0.727	0.318	0.852	0.003	0.006	0.994
2019 年的网络	0.571	0.327	0.755	0.005	0.007	0.993
2020 年的网络	0.832	0.273	0.912	0.003	0.001	1.000
2021 年的网络	0.722	0.240	0.849	0.001	0.001	0.999
2022 年的网络	0.794	0.228	0.890	0.000	0.000	1.000

第八节 本章小结

本章介绍了构建创新资本流动网络的数据来源与搜集方法，利用龙信大数据平台的科学技术服务业资本流入和流出数据，基于复杂网络理论模型构建了 2001—2019 年全国 298 个地级及以上城市之间的创新资本关联网络。在此基础上，从城市层面分析了北京在全国范围内创新资本流动网络中的地位、作用和演变规律，发现北京对外辐射、对内吸纳创新资本的主要特征，为推动京津冀科技成果协同发展和策略制定提供重要支撑。

本章介绍了构建专利转让流动网络的数据来源与搜集方法，利用智慧芽商用大数据平台的专利原始授权和专利转让关系数据，基于专利的 IPC 分类号和 GBC 分类号，分别构建 2012—2022 年全国 298 个地级及以上城市之间的专利转让网络，分析北京专利在全国范围内的流动去向和演变规律，发现京津冀在专利转让方面的协同现状和存在的问题，为进一步推动京津冀科技成果协同提供政策建议。

同时，本章还从国内层面出发，重点对京津冀地区科技成果转化协同较低的现状进行了深入分析，基于智慧芽商业大数据平台专利数据和 IPC 分类号，分别构建了北京市流出专利转移网络、流入河北省专利转移网络，以及流入天津市专利转移网络。在此基础上，利用复杂网络模型和一系列测度指标对网络进行分析，得到 2012—2022 年北京市专利流入全国各省（自治区、直辖市）的主导专利类型，以及各主要地区流入河北省、天津市的主导专利类型。并按照聚类分析方法，探究各地区转移专利的主要需求和供给类型。

根据对京津冀三地专利转移网络的分析可以发现，近十年来，北京市转移到河北省的专利主要分布在制造业和设备、医疗行业；北京市转移到天津市的专利主要分布在信息产业与互联网行业。

第七章 数字经济网络结构的构建与分析

第一节 引 言

2021年8月2日，首届全球数字经济大会在北京召开。大会主题是"创新引领 数据驱动——建设全球数字经济标杆城市"，围绕数字经济的发展趋势和数字化转型对各领域的重大影响，突出国际化视角、前沿性技术、广泛性参与，积极推动跨学科、跨行业、跨区域的全球数字经济交流合作。同年10月18日，中共中央政治局就推动我国数字经济健康发展进行了第三十四次集体学习。习近平总书记在主持学习时强调，数字经济健康发展有利于推动构建新发展格局，数字技术、数字经济可以推动各类资源要素快捷流动、各类市场主体加速融合，帮助市场主体重构组织模式，实现跨界发展，打破时空限制，延伸产业链条，畅通国内外经济循环。

在以国内大循环为主体、国内国际双循环相互促进的新发展格局下，数字经济正在为金融赋能并深刻影响金融主体跨区域的加速融合，金融要加速向数字化转型，也要助力数字经济产业从而更好地促进数字经济的发展。在数字经济时代，数据已经成为关键生产要素。基于"数据"这一基本要素，金融科技将催生金融新业态和新模式。金融与实业通过数据共享与场景融合，拓展服务生态。近年来，金融业积极支持科技创新，科技金融产品日益丰富，对科技产业的支持更加精准有效，多渠道的资金保障网络越织越密，越来越多的科技型中小企业获得资金，金融体系和金融服务更加适应科技创新的需要，多层次、多元化的金融市场正在逐渐形成。因此，本章将从省阈视角出发，对数字经济网络进行构建分析，并阐述数字经济与金融空间结构网络的内在关系。

传统经济学研究区域经济增长时，往往关注资本、劳动等要素投入以及技术创新和制度环境的影响。新结构经济学认为，一个国家或地区的产业和技术内生于要素禀赋结构，其经济发展取决于该区域的产业空间结构形式，如果按照比较优势发展，产业结构转型、技术升级的速度将会加快。因此，利用区域进出口数据来讨论产业空间结构和技术升级成为研究热点。

第二节 数据来源与说明

本章在空间尺度上选择国内298个地级及以上城市的数字经济产业相关数据，能够实现国内空间范围的全覆盖。鉴于数据可得性和代表性，参照国内外学者关于数字经济产业类别界定的相关文献，在龙信企业大数据库中搜集整理了包括专业设计服务、互联网其他信息服务、互联网安全服务、互联网广告服务、信息技术咨询服务、信息系统集成服务、其他广告服务、其他软件开发、基础软件开发、应用软件开发、支撑软件开发、文艺创作与表演、物联网技术服务、互联网零售、其他互联网服务、互联网接入及相关服务、信息处理和存储支持服务、其他电信服务、固定电信服务、有线广播电视传输服务、移动电信服务、运行维护服务、金融信息服务、集成电路设计、非金融机构支付服务、地理遥感信息服务、互联网公共服务平台、其他卫星传输服务、互联网生产服务平台、其他数字内容服务、互联网搜索服务、互联网数据服务、无线广播电视传输服务、家用电子产品修理、音像制品出版、其他互联网平台、互联网游戏服务、互联网生活服务平台、互联网科技创新平台、广播电视卫星传输服务、其他信息技术服务业、电影放映、计算机和辅助设备修理、通信设备修理、互联网批发、电子出版物出版、动漫游戏数字内容服务、新闻业在内的相关指标。其中，选取注册资本（累计）、新型实用专利数（累计）分别表征产业规模要素和技术创新要素。数据的时间跨度为2000—2020年，数据的空间载体是全国298个地级及以上城市。限于篇幅和数据代表性，本书按照5年规划的时间间隔方式，选取2000年、2005年、2010年、2015年和2020年的矢量数据，每一年的矢量数据为两组298×48维非对称加权矩阵，一组反映的是注册资本的累计数目，另一组反映的是专利技术的数目，共计10组矩阵数据。其中，"行"为按顺序排列的全国298个城市，这些城市是数字经济产业的载体；"列"为按顺序排列的数字经济细分产业，这些数字经济细分行业共48个类别。

第三节 数字经济网络的构建过程

具体地,本书采用 2000—2020 年全国数字经济产业要素数据,系统梳理我国数字经济产业转型升级的路径。首先,基于显著比较优势理论,从产业规模和技术创新要素视角,计算全国 298 个地级及以上城市在 48 个典型数字经济产业细分类别下的显著比较优势。其次,基于复杂网络理论,以间隔 5 年为时间窗口,分别构建城市和比较优势产业之间、城市之间、比较优势产业之间三种关联模式网络。然后,运用复杂网络分析方法对空间结构演进过程特征进行分析,并利用聚类分析技术识别城市集聚结构和产业集聚结构。在此基础上,结合地理大数据识别地级及以上城市进行数字经济转型和升级的两种路径选择:"邻近学习"效应和"相似技术学习"效应。最后,讨论了通过加强交通设施建设缩短城市间距离,以及城市间的技术结对帮扶,来增强城市间的"邻近学习"效应和"相似技术学习"效应,从而帮助落后区域精准实现成功转型。

参考巴拉萨(Balassa,1965)提出的用以衡量一国或区域生产产品的水平与世界平均水平关系的显性比较优势指标(RCA),RCA 值越高,表示所在区域的产品相比其他区域越具有显著比较优势。由于产品由其所在产业生产,因此,RCA 也可以用于对具有显著比较优势产业的测度。在给定区域要素禀赋数据条件下,刻画区域城市数字经济产业水平与全国数字经济产业水平关系的比较优势 RCA,计算公式如下所示:

$$RCA_{c,i,t} = \frac{x_{c,i,t}}{\sum_i x_{c,i,t}} \bigg/ \frac{\sum_c x_{c,i,t}}{\sum_{c,i} x_{c,i,t}} \tag{7-1}$$

式中:$X_{c,i,t}$ 是区域 c 在时间 t 上数字经济产业 i 的要素水平(如产业规模、技术创新水平)。若 $RCA_{c,i,t} \geq 1$,代表区域 c 在时间 t 上的数字产业 i 具有显著比较优势,否则不具有显著比较优势。

产业空间理论指出,产业空间结构是经济地域的主要要素在其空间范围上的相互联系。因此,刻画这种相互联系成为微观上刻画产业空间结构的重要一环。复杂网络理论是刻画复杂系统内部实体之间相互作用的成熟工具,如吴德胜等(2021)对金融复杂系统中上市企业之间关联关系的刻画,蔡宏波、逯慧颖和雷聪(2021)对社会复杂系统中用户关联关系的刻画,以及杨传明和雷瓦特（2019）在地理复杂系统中对城市和雾霾关联关系的刻画。复杂网络方法作为复杂系统理论微观层面最重要的研究方法，将实际问题中的实体和实体间的关系分别映射到复杂网络中的节点和边。因此，本书利用复杂网络方法，将城市和产业作为节点，城市具有显著比较优势产业作为连边，对城市复杂系统中城市和产业之间的关联关系进行刻画，构建城市和具有显著比较优势（$RCA \geqslant 1$）产业之间的关联网络结构（如图7-1所示）。即若$RCA_{c,i,t} \geqslant 1$，则令$X_{c,i,t}=1$，表示区域c和产业i在时间t上存在关联关系；否则令$X_{c,i,t}=0$，区域c和产业i在时间t上不存在关联关系。

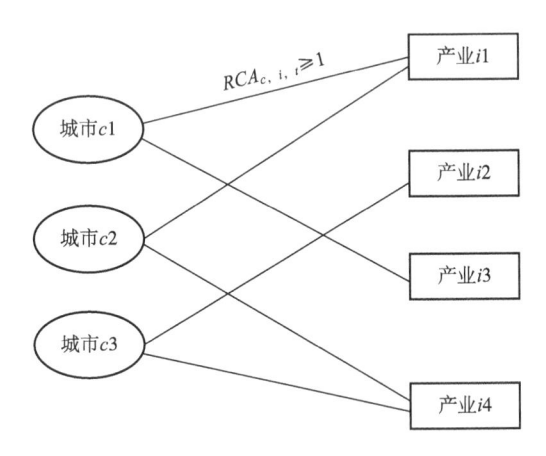

图7-1 城市和具有显著比较优势产业间的关联网络

在此基础上，本书进一步基于余弦相似性测度共有比较优势产业相似度，从而构建城市之间的关联网络（如图7-2所示）；并且基于余弦相似度测度共有城市的多样性和相似性，从而构建具有显著比较优势产业之间的关联网络（如图7-3所示）。城市$c1$和城市$c2$之间的余弦相似性表示为$\varphi_{c1,c2,t}$，产业$i1$和产业$i2$之间的余弦相似度表示为$\varphi_{i1,i2,t}$，计算公式分别如下所示：

$$\varphi_{c1,c2,t}=\frac{\sum_i x^{\mathrm{T}}_{c1,i,t}x^{\mathrm{T}}_{c2,i,t}}{\sqrt{\sum_i (x^{\mathrm{T}}_{c1,i,t})^2}\sqrt{\sum_i (x^{\mathrm{T}}_{c2,i,t})^2}} \quad (7-2)$$

$$\varphi_{i1,i2,t}=\frac{\sum_c x_{c,i1,t}x_{c,i2,t}}{\sqrt{\sum_c (x_{c,i1,t})^2}\sqrt{\sum_c (x_{c,i2,t})^2}} \quad (7-3)$$

复杂网络构建之后，可以进一步利用宏观、中观和微观层面的测度指标对网络的特征进行分析，也可以通过聚类分析方法对城市间的集聚结构和产业间的集聚结构进行挖掘，还可以通过测度数字经济产业的复杂度和其所在区域经济发展水平的关系来提供决策信息支持。

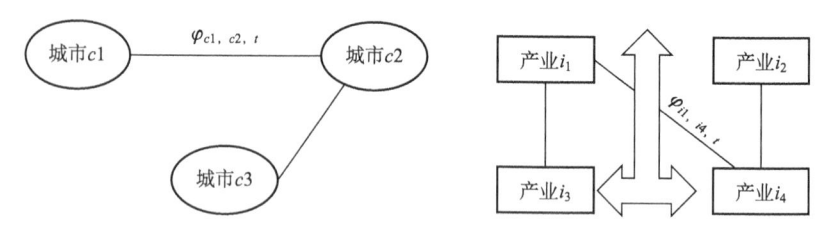

图 7-2 城市之间的关联网络　　图 7-3 具有显著比较优势产业之间的关联网络

针对产品复杂度及其所在区域经济发展之间的关系，希达尔戈等（Hidalgo et al.，2007）提出了反射指标方法（MR）来测算一国或区域的经济复杂度（ECI）和产品复杂度（PCI）。塔凯拉等（Tacchella et al.，2013）则提出了适应复杂度指标方法（FC）来测算一国或区域的经济复杂度和产品复杂度。由于两种指标体系测算结果不一致，为了进行平衡统一，希亚拉等（Sciarra et al.，2020）提出了测度城市复杂度和产品复杂度的指标 $Genepy$。借鉴该理论，可以利用 $Genepy$ 指标对区域复杂度及其产业复杂度进行测度，并分析其与区域经济发展水平的关系。针对区域的经济复杂度测度公式为：

$$Genepy_c = (\sum_{i=1}^{2} \lambda_i X_{c,i}^2)^2 + 2\sum_{i=1}^{2} \lambda_i^2 X_{c,i}^2 \tag{7-4}$$

式中：$X_{c,i}$ 表示区域 c 与具有显著比较优势产业 i 之间的关联关系，λ 是该矩阵的特征值。$Genepy_c$ 指标越大，代表区域 c 的经济复杂度越高。

第四节　数字经济网络的演进分析

利用复杂网络的构建方法，本书按照间隔 5 年的窗口，分别从产业规模和技术创新视角构建 2000 年、2005 年、2010 年、2015 年和 2020 年的城市和具有显著比较优势产业之间（城市-产业）、城市之间（城市-城市）、具有显著比较优势产业之间（产业-产业）的三种关联模式网络。其中，网络共有346 个节点（298 个城市节点，48 个数字经济产业细分类别节点），边为城市及其具有显著比较优势产业的关联关系。

一、城市-产业空间关联网络结构特征分析

本书利用复杂网络方法中的中心性度量指标（如点度中心性、中介中

性、紧密中心性、特征向量中心性等），对网络的拓扑结构特征进行分析，结果如图7-4和图7-5所示。研究发现，无论是从产业规模还是技术创新视角，2000—2020年城市-产业关联网络在时间维度上具有以下共性特征：①度分布呈现无标度特征，即网络中存在少数关联数目多的中心节点，其他大部分节点的关联数目普遍较少。②网络的平均度数增加，每个城市拥有的具有显著

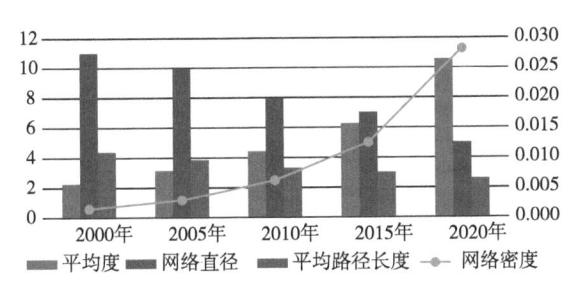

图7-4 技术创新视角下城市-产业关联网络特征分析

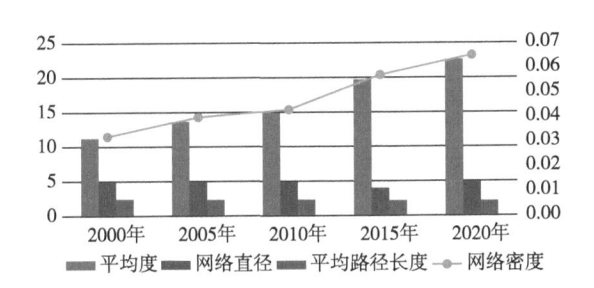

图7-5 产业规模视角下城市-产业关联网络特征分析

比较优势产业的平均数量递增，即城市具有显著比较优势产业的多样性递增；每个具有显著比较优势产业关联的城市平均数量递增，即显著比较优势产业的普遍性递增。③网络密度递增，这意味着，随着时间的推移，城市和具有显著比较优势产业的关联网络变得越来越稠密。④网络的平均路径长度逐年缩小，网络直径呈缩小趋势，网络呈现"小世界现象"，这降低了城市之间通过具有共同显著优势产业形成关联的成本。

（一）产业的多样性和普遍性分析

在构建的城市和具有显著比较优势产业的关联网络中，构建城市产业多样性指标 $k_{c,t}$ 和产业的普遍性测度指标 $k_{i,t}$，计算公式分别如下所示：

$$Diversity = k_{c,t} = \sum_i I(RCA_{c,i,t} \geq 1) \tag{7-5}$$

$$Ubiquity = k_{i,t} = \sum_c I\ (RCA_{c,i,t}^T \geq 1) \qquad (7-6)$$

通过对 2000 年、2005 年、2010 年、2015 年和 2020 年城市-产业关联网络的计算分析，可以得出以下结论：①从技术创新视角来看，北京、上海专利的多样性高，说明与高校数量多有关，体现技术创新多样性优势。②从产业规模视角来看，北京、上海、广州、深圳等超特大城市具有显著比较优势产业的多样性较低，说明这些超特大城市集中资本主打某几个重点产业，中心城市作为"头雁"，起到辐射带动作用。省会城市具有显著比较优势产业的多样性最高，这些省会城市既为超特大城市的具有比较优势产业提供支撑，也为周边落后城市提供输送，起到中介作用。而多样性过低的城市基本上都是全国经济发展相对比较落后的城市。③普遍性高的产业为信息技术咨询服务、信息系统集成服务、专业设计服务、基础软件开发、其他软件开发和应用软件开发等，说明这些产业是各个城市发展数字经济产业的基础设施，能够为其他产业的发展起到基础支撑作用；而普遍性低的产业为动漫、游戏数字内容服务、新闻业、电子出版物出版、互联网安全服务等，这些往往是某些区域根据自身资源禀赋优势发展起来的产业，也可能是尚未得到更多城市重视的即将兴起的新兴产业。值得注意的是，2000—2015 年，金融信息服务一直是普遍性较低的产业，但在 2020 年该产业跃升到普遍性较高行列之中。可以从普遍性来看数字产业技术的演变历程。④各大城市优势产业逐渐缩减，新兴产业逐步出现。对典型的超特大城市分析发现，北京主要的优势产业为专业设计、文艺创作与表演、互联网接入及相关服务、音像制品出版、无线广播电视传输服务等，体现其全国文化中心的地位；上海主要的优势产业为金融信息服务、非金融机构支付服务，体现其全国金融中心的地位。

（二）城市经济复杂性与产业复杂性分析

技术创新会导致产品的复杂度，进而使得城市拥有经济复杂度。因此，从技术创新视角，利用公式（7-4）的经济复杂性指标 *Genepy*，对 2000 年、2005 年、2010 年、2015 年和 2020 年城市-产业关联网络进行计算，得到各城市区域的经济复杂度。图 7-6 展示了以北京、上海、广州和深圳为代表的超特大城市经济复杂度的演变情况。同理，可以计算各产业的产业复杂度。表 7-1 和表 7-2 分别展示了产业复杂度位于前十名和后十名的具体数字经济产业类别。

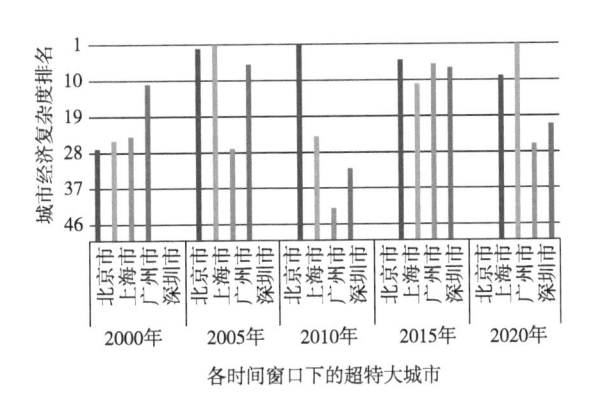

第七章 数字经济网络结构的构建与分析

图 7-6　技术创新视角下超特大城市经济复杂度排名演化

表 7-1　技术创新视角下产品复杂度前十名类别

年份	产品复杂度前十名类别
2000	互联网接入及相关服务、音像制品出版、无线广播电视传输服务、通信设备修理、其他软件开发、信息系统集成服务、互联网生产服务平台、其他互联网平台、有线广播电视传输服务、集成电路设计
2005	音像制品出版、互联网接入及相关服务、无线广播电视传输服务、通信设备修理、其他互联网平台、文艺创作与表演、固定电信服务、有线广播电视传输服务、其他电信服务、信息技术咨询服务
2010	非金融机构支付服务、音像制品出版、互联网接入及相关服务、通信设备修理、互联网数据服务、无线广播电视传输服务、其他互联网平台、互联网公共服务平台、互联网批发、物联网技术服务
2015	互联网公共服务平台、互联网科技创新平台、互联网批发、信息处理和存储支持服务、物联网技术服务、其他卫星传输服务、运行维护服务、家用电子产品修理、金融信息服务、其他信息技术服务业
2020	金融信息服务，互联网批发，非金融机构支付服务，电影放映，互联网零售，文艺创作与表演，互联网生活服务平台，动漫、游戏数字内容服务，互联网搜索服务，其他广告服务

表 7-2　技术创新视角下产品复杂度后十名类别

年份	产品复杂度后十名类别
2000	互联网零售，其他互联网服务，信息处理和存储支持服务，运行维护服务，金融信息服务，非金融机构支付服务，互联网批发，电子出版物出版，动漫、游戏数字内容服务，新闻业

续表

年份	产品复杂度后十名类别
2005	其他信息技术服务业，互联网安全服务，支撑软件开发，物联网技术服务，互联网零售，信息处理和存储支持服务，互联网批发，电子出版物出版，动漫、游戏数字内容服务，新闻业
2010	互联网游戏服务，其他数字内容服务，互联网搜索服务，互联网生活服务平台，互联网科技创新平台，支撑软件开发，互联网安全服务，电子出版物出版，动漫、游戏数字内容服务，新闻业
2015	其他电信服务，支撑软件开发，互联网数据服务，集成电路设计，其他数字内容服务，互联网搜索服务，电子出版物出版，广播电视卫星传输服务，动漫、游戏数字内容服务，互联网安全服务
2020	信息技术咨询服务、物联网技术服务、广播电视卫星传输服务、支撑软件开发、互联网安全服务、互联网生产服务平台、其他软件开发、信息系统集成服务、其他信息技术服务业、电子出版物出版

伴随中国经济复杂度提升，从发展前景看，中国近期重点发展的数字经济产业是金融信息服务，互联网批发，非金融机构支付服务，电影放映，互联网零售，文艺创作与表演，互联网生活服务平台，动漫、游戏数字内容服务，互联网搜索服务，其他广告服务等；长期有待发展的产业是信息技术咨询服务、物联网技术服务、广播电视卫星传输服务、支撑软件开发、互联网安全服务、互联网生产服务平台、其他软件开发、信息系统集成服务、其他信息技术服务业、电子出版物出版等。值得注意的是，一些数字经济产业类别，如金融信息服务和非金融支付服务等，在2000年时尚未兴起，因而属于技术复杂度较低（Genepy指标数值为0）的产业，而在2010年之后得到了足够的发展，因此逐渐成为技术复杂度较高的产业。此外，如信息系统集成服务等技术复杂度低的产业，目前技术比较成熟，产业多样性较高，成为产业结构网络中关联性较大的产业，这些基础性产业能够对其他行业起到支撑作用。

二、产业-产业间关联网络的聚类分析

将城市-产业关联网络的二模网络进行一模网络转化，如图7-4和图7-5所示，从技术创新和产业规模视角可以分别得到2000年、2005年、2010年、2015年和2020年的数字经济产业类别关联网络。利用复杂网络中成熟的Lovian分区算法进行聚类分析，并用网络模块度指标选择聚类效果最佳的结

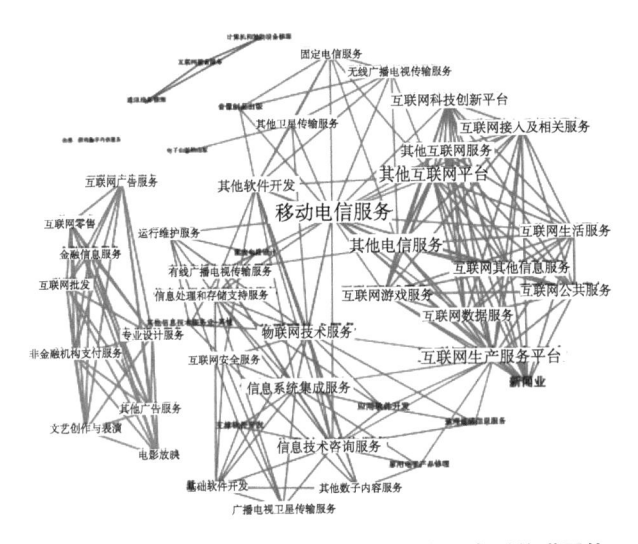

果，图 7-7 和图 7-8 分别以 2020 年为例展示了技术创新和产业规模视角下的

图 7-7 技术创新视角下 2020 年数字产业类别关联网络

图 7-8 产业规模视角下 2020 年数字产业类别关联网络

最优聚类结果。研究发现，从技术创新视角来看，一共有四大类别，分别为：①金融信息服务、非金融机构支付服务、文艺创作与表演、电影放映等；②信息系统集成服务、信息技术咨询服务、信息处理和存储支持服务、地理遥感信息服务、基础软件开发、支撑软件开发、其他软件开发等；③互联网游戏服务、互联网生活服务、互联网数据服务、互联网科技创新平台、互联网公共服务等；④通信设备修理、计算机和辅助设备修理，以及互联网搜索服务。从产业规模视角来看，一共有四大类别，分别为：①信息系统集成服务、信息技术咨询服务、地理遥感信息服务、基础软件开发、支撑软件开发等；②有线广播电视传输服务、无线广播电视传输服务、固定电信服务、移动电信服务、互联网搜索服务、互联网数据服务、互联网零售等；③专业设计服务、运行维护服务、集成电路设计、金融信息服务等；④信息处理和存储支持服务、应用软件开发、其他数字内容服务、其他广告服务等。产业规模聚类效果的可解释性并不明显。

回顾 2000—2020 年的数字经济产业演进历程，从技术创新视角来看，数字经济产业经历了"信息系统"1.0 版本和"互联网+"2.0 版本。而且，当前的核心产业主要是移动电信服务、互联网生产服务平台、其他电信服务、其他互联网平台、信息系统集成服务、信息技术咨询服务、物联网技术等；而边缘产业主要有通信设备修理、计算机和辅助设备修理、互联网搜索服务、电子出版物出版，以及动漫、游戏数字内容服务等。

三、城市–城市间关联网络的聚类分析

党的十九届五中全会通过的《中共中央关于制定国民经济和社会发展第十四个五年规划和二〇三五年远景目标的建议》指出，"发展数字经济，推进数字产业化和产业数字化，打造具有国际竞争力的数字产业集群"。因此，以共有显著比较优势数字经济产业相似性为依托，测度城市–城市之间的关联关系，分析城市在数字经济产业下的集群模式，显得尤为重要。本书将城市–产业关联网络的二模网络进行一模网络转化，如图 7-3 所示，从技术创新和产业规模视角可以分别得到 2000 年、2005 年、2010 年、2015 年和 2020 年的城市关联网络。通过聚类分析得到的结果分别如图 7-9 和图 7-10 所示（限于篇幅，这里仅展示 2020 年的城市关联网络）。研究发现：城市群分化现象越来越明显，多个城市群雏形日渐显现。其中，珠三角、山东半岛、河北内部、

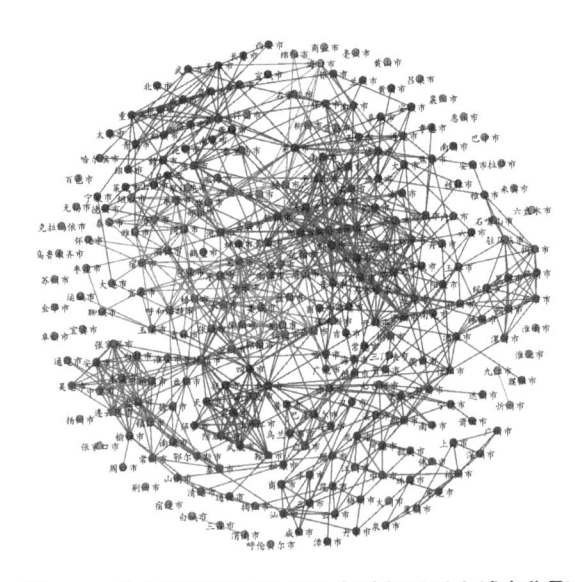

图 7-9 技术创新视角下 2020 年地级及以上城市集聚

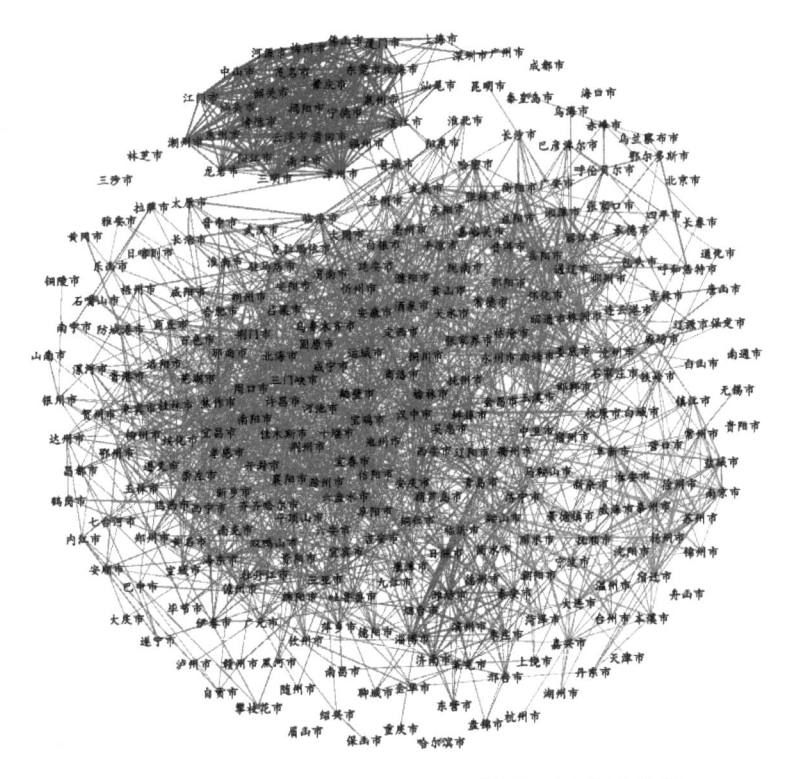

图 7-10 产业规模视角下 2020 年地级及以上城市集聚

长三角（除上海）城市群明显。这说明，城市群并不是简单的地理拼凑。随着数字经济产业的发展，具有显著比较优势数字经济产业的集聚促成了典型的城市群结构的显现，并且产业分工越来越专业化，产业之间的联系越来越密切，转移路径越来越短，使得新兴产业不断涌现。北京、上海、广州和深圳等一线特大城市比较优势产业适度且稳定，在产业规模上能够集中优势主打核心优势产业，同时带动周边产业发展，形成典型的城市群结构。省会城市占据最多的比较优势产业，能够发挥输出作用和中介效应。而落后地级城市则缺少比较优势产业。

第五节 数字经济产业升级的路径选择机理

根据前文的分析，可以看出 20 年来中国城市数字经济产业存在显著的演进过程。那么，这种演进升级过程背后的路径选择机理是什么呢？我们做以下两种假设：①城市数字经济产业升级存在"相似技术学习"效应，即距离已有优势产业越近，边际产业转化为新兴产品的概率越高；②城市数字经济产业升级存在"相似技术学习"效应，即与已有优势产业技术越相似，边际产业转化为新兴产品的概率越高。

为了验证城市数字经济产业是否存在"邻近学习"效应，首先通过各城市的地理经纬度计算城市间的地理距离矩阵，即 298×298 维的对称矩阵。然后，分别从产业规模和技术创新视角，以城市间地理距离 1 000 千米为分段间隔，计算城市间地理距离与城市间比较优势产业相似性之间的关系。研究结果分别如图 7-11 和图 7-12 所示。

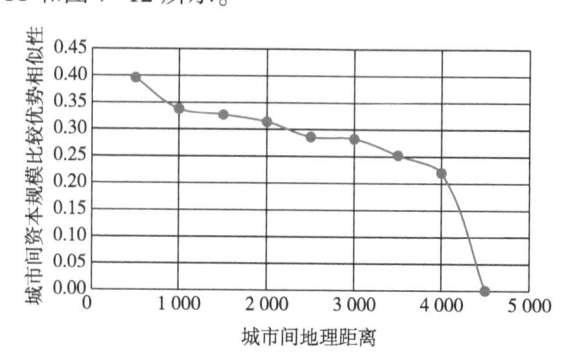

图 7-11 产业规模视角下城市间地理距离与比较优势产业相似性的关系

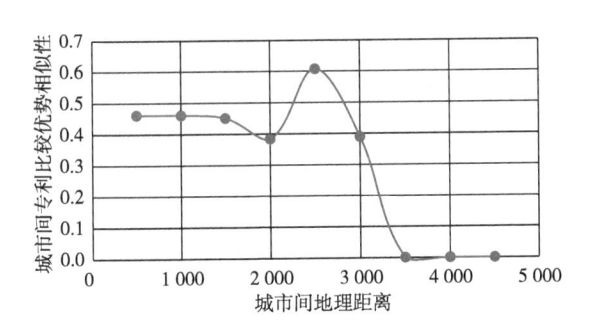

图 7-12　技术创新视角下城市间地理距离与比较优势产业相似性的关系

从产业规模视角来看，城市数字经济产业升级存在显著的"邻近学习"效应，并且随着城市间地理距离的增大，城市间具备显著比较优势产业的相似性递减。这主要是因为产业规模的形成依赖于资本，而资本具有典型的地理集聚效应。因此，地理距离越近，城市之间的比较优势产业结构越相似，越容易通过邻近区域已有的优势产业进行学习升级。从技术创新视角来看，城市数字经济产业升级的"邻近学习"效应并不明显。这可能是因为创新技术往往可以通过技术引入来实现，规避了地理距离因素的限制。

由于"相似技术学习"效应的存在，城市内发展新型数字经济产业的概率随着区域内已有比较优势产业数量的增加而增大。本书以间隔 5 年为窗口期，测度间隔年度比较优势产业升级之间是否存在"相似技术学习"效应。以 2015—2020 年为例，计算 2015 年尚未形成显著比较优势产业但在 2020 年升级为显著比较优势产业的产业密度，是否高于 2020 年依然没有升级为显著比较优势产业的产业密度。产业规模和技术创新视角下的对比结果分别如图 7-13 和图 7-14 所示。

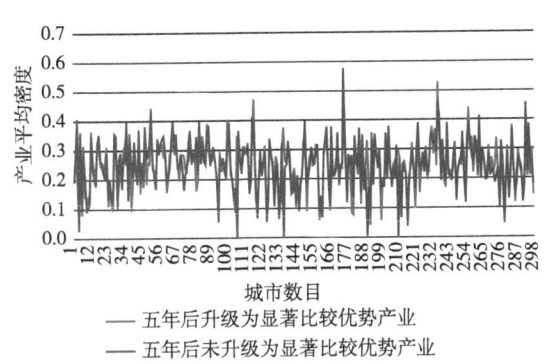

图 7-13　产业规模视角下城市间比较优势产业密度和产业是否升级的关系

图 7-14　技术创新视角下城市间比较优势产业密度和产业是否升级的关系

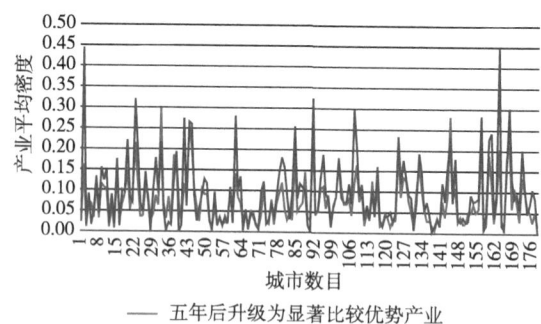

第六节　本章小结

在数字经济发展的大背景下，各城市都在积极探索实现数字化转型，发展新的数字经济产业模式。然而，由于城市的资源要素禀赋不同，只有找准实现数字经济产业的合适路径，才能使得数字经济产业具有显著比较优势，达到产业转型和提升经济的初衷。本书通过对 2000—2020 年 298 个全国地级及以上城市的 48 个数字经济产业细分类别进行研究，从要素视角分析了城市间数字经济产业结构的空间演进和升级路径选择机理。

从 20 年城市和数字经济产业关联网络空间结构演进历程来看，城市平均拥有越来越多的比较优势数字经济产业，多样性增加，比较优势产业关联城市的数量增多，普遍性增强。并且随着时间的推移，城市和具有显著比较优势产业关联网络变得越来越稠密，城市之间通过共同显著优势产业形成关联的成本逐年降低。

通过对城市间关联网络的研究发现，随着数字经济产业的发展，具有显著比较优势数字经济产业的集聚促成了典型的城市群结构的显现，并且产业分工越来越专业化，产业之间的联系越来越密切，转移路径越来越短，使得新兴产业不断涌现。这也从某种角度回应了城市群并不是简单的地理拼凑，而是具有比较优势资源要素的城市的整合优化。

通过对城市数字经济产业的复杂度进行测度，发现数字经济产业的复杂度与经济发展水平呈现正相关关系。即城市可以通过促进具有较高复杂度的数字经济产业的转型，来提升区域经济发展水平。

从产业规模视角来看，城市数字经济产业升级存在显著的"邻近学习"效应，并且随着城市间地理距离的增大，城市间具有显著比较优势产业的相似性递减。而从技术创新视角来看，城市数字经济产业升级存在"相似技术学习"效应，即城市内发展新型数字经济产业的概率随着区域内已有比较优势产业数量的增加而增大。这两条数字经济产业升级路径，也说明了城市需要结合自身资源要素禀赋来规划数字经济产业的合理转型。

第八章 京津冀金融与科技创新协同一体化对策建议

第一节 引 言

在当前全球化与区域经济一体化走向纵深的背景下，京津冀区域作为中国北方的重要经济圈，其金融协同一体化与科技创新的协同发展尤为关键。本书深入探讨了京津冀金融与科技创新协同一体化的发展路径，通过详细分析当前的政策环境、基础设施建设、服务创新、人才培养与信息共享等方面的挑战与机遇，提出了一系列切实可行的建议和措施。这些建议旨在通过加强区域内的金融政策协调、优化金融服务与基础设施、促进金融与科技领域的创新与多元化发展，以及加大对外开放力度和国际合作，来推动京津冀区域经济的高质量发展。通过构建更为紧密的区域合作机制，京津冀三地可以在金融与科技创新方面实现互利共赢，为区域经济一体化和可持续发展提供坚实的支撑。此外，本书还强调了人才与信息共享的重要性，指出通过建立综合性的交流与合作平台，可以有效集聚和优化区域内外的优秀人才资源，促进知识与技术的交流共享，进而加速科技成果的转化和产业升级。在国际化竞争日益激烈的今天，京津冀区域的金融协同一体化与科技创新协同发展不仅对本区域的经济社会发展具有深远影响，也将为中国乃至全球的经济增长提供新的动力。

第二节 京津冀金融协同一体化发展路径

京津冀三地政府、金融机构、企业和社会各界要共同努力和密切合作，通过持续的政策推动和实践探索,逐步实现金融协同一体化,支持京津冀区域经济的高质量发展。

一、加强区域内金融政策的协调

通过制定统一的金融政策和监管标准,破除区域内金融活动的制度障碍,促进金融资源的自由流动,成立一个由京津冀三地政府及金融监管部门组成的协调机构,定期召开会议,讨论和解决金融发展中的共同问题,确保区域内金融政策的协调一致。通过加强京津冀三地金融监管机构的合作与沟通,实现金融政策的协调统一,降低区域内金融市场的摩擦成本。建立京津冀区域内的政策协调机制,统一金融监管标准,打破行政壁垒,促进金融市场一体化。探索制度创新,如跨区域金融机构的设立、金融产品和服务的共享等。政府和监管部门应出台相应政策,鼓励金融机构创新服务模式,支持金融科技的发展,同时加强区域金融监管合作,确保金融创新在健康有序的环境中进行。

二、加强金融基础设施建设与优化布局

京津冀面临着金融资源分布不均,金融市场波动性增大的挑战。京津冀三地可以通过建立更紧密的区域金融合作机制,共同优化金融资源配置,促进金融服务的均衡发展。例如,通过共建金融平台、促进金融政策协调和推动金融项目合作等方式,提升区域金融服务能力和效率。加强京津冀区域内金融基础设施的建设和互联互通,包括支付系统、信用信息系统等,推动区域内金融基础设施的互联互通和共建共享,降低交易成本,提高金融服务的效率和便捷性。优化金融服务网络布局,根据金融空间结构网络分析结果,优化金融机构分布和服务网络,加强金融服务在区域内的覆盖,特别是加大对金融较为落后地区的支持力度,促进金融服务的空间均衡发展。利用大数据和信息技术,加强金融资源在京津冀区域内的有效配置,促进金融服务的均衡发展。

三、金融服务创新与多元化

通过金融创新,可以开发出更加符合区域经济特点的金融产品和服务,提高金融服务的覆盖面和可达性。多元化的金融服务能够促进资本的有效配置，降低融资成本，增强区域经济的内生增长动力。需要加强跨区域的金融政策协调，推动金融科技的应用，搭建金融信息共享平台，以及优化金融监管环境，共同构建开放、共享、协同、高效的京津冀金融市场体系。鼓励金融机构开发符合区域产业发展需要的金融产品和服务，如绿色金融、科技金融等，满足不同企业和居民的金融需求，促进经济转型升级。加强金融机构之间的合作，通过共建高科技园区等形式，促进金融机构之间的信息共享和业务协同，形成创新链、产业链、资金链和政策链的融合，提升区域金融服务的综合竞争力。鼓励金融机构利用大数据、云计算、人工智能等现代信息技术，推出更多创新金融产品和服务，提高金融服务效率和质量。

四、加强人才和信息共享

高素质人才是促进京津冀金融协同发展的基本保障。建立京津冀金融人才培训和交流机制，提升区域金融服务能力。加强金融信息共享，提高金融市场透明度和效率。通过建立更加开放和灵活的人才流动机制，促进金融人才在京津冀区域内的合理分布和优化配置。建立一个京津冀金融人才培训与交流机制至关重要，这不仅能提升区域金融服务的能力，还能通过金融信息的共享，提高金融市场的透明度与效率。此外，通过金融监管机构和金融机构之间的横向交流和协同培养，不仅促进了金融从业人员全局思维和协同思维的形成，还加强了监管机构对金融实务需求的深入理解，也有助于金融机构对金融政策的深化理解与执行。这种共享机制和协同培养机制，将促进京津冀三地金融人才的共同成长，为区域金融协同发展提供坚实的人才支持。

五、加大对外开放力度与国际合作

京津冀区域金融一体化离不开开放的金融发展环境。因此，要持续推动建设良好的金融发展环境，把银行业作为金融协同发展的切入点，提升金融业务办理的便捷性，构建起开放、创新的金融合作机制。利用好京津冀区域的地理优势和政策优势，加强与国际金融中心的联系和合作，吸引外资金融机构和资本进入，吸引外资金融机构参与区域金融市场建设，提升京津冀金融市场的国际竞争力。加强与国际金融中心的联系，借鉴国际先进的金融服务和管理经验，引进国外的金融机构和资本，推动金融产品和服务的创新。同时，通过构建开放的金融环境，促进金融资本、信息、技术的流动与共享，加强京津冀区域内金融市场的互联互通,提升区域金融服务的整体效率和水平。这样不仅能够吸引更多的国际资源和投资,还能促进京津冀金融市场的深度融合与协同发展,为区域经济一体化提供强有力的金融支持。

六、积极调整京津冀区域产业结构

京津冀区域金融的发展说到底是服务于实体经济的,应对区域内的产业布局进行整体性的宏观调整,注重地区之间重心产业发展规划的错落有致,实现区域金融资源的优化组合,充分发挥京津冀协同发展战略的联动作用,实现产业间的互补与优势互换。首先,可以通过深入分析京津冀各地区的产业基础和发展潜力,明确各自的产业定位。其次,促进高新技术产业、绿色产业等战略性新兴产业的发展,提升区域产业的整体水平和竞争力。再次,加强区域内的金融合作,为产业升级提供金融支持。最后,建立更加完善的金融服务体系,为不同产业提供定制化的金融产品和服务,以此推动产业结构的优化升级,实现京津冀金融协同一体化发展。

第三节 京津冀创新协同一体化发展路径

通过前文的研究结果可以看出,北京的科技创新成果转化机制仍存在一些问题。第一,注重数量而非质量,这导致大量低价值专利被没有能力或意愿实施的组织申请和持有。第二,风险投资不足,限制了创新的商业化。初创企业往往难以获得资金将其想法推向市场,导致许多创新永远无法发挥其潜力。第三,学术界、政府和工业界之间缺乏合作,目前的激励机制没有有效地协调这三个群体的目标。

为了克服这些问题,可以借鉴国外的创新模式。例如,硅谷模式围绕创新建立了一个强大的生态系统,风险投资家、大学和科技公司共同努力,创造投资和技术进步的良性循环。以色列的创新模式强调高度重视商业化、冒险文化以及工业和学术研究之间的密切联系。日本的创新模式强调长期投资、跨部门合作以及政府对研发的大力支持。通过将这些模式和其他成功的创新模式相结合,并使其适应北京创新生态系统的独特需求和条件,可能会建立一个更有效的机制,成功实现科技创新成果的转化。

一、打通科技成果转化的"肠梗阻"和"细绳子"

一是建立一个技术转让系统，促进研究机构和企业家之间的信息流动。二是增加获得资源的机会，并提供更多的政府和私营部门资金，以支持实施试点和示范项目。三是提供更优惠的税收、金融和租赁政策以吸引投资者。四是鼓励风险投资和天使投资者参与技术项目。五是建立一个孵化器，帮助企业家启动项目并提供指导。六是建设以企业为主体，市场为导向，产学研相结合的科技成果转化体系。七是进一步发展高精尖产业，发挥需求对科技成果转化的拉动作用。八是加强各区和各类创新主体的科技成果转化工作体系建设。九是深化体制机制改革，推动中央单位服务地方创新发展。十是加快落实相关部门科研评价机制改革政策。十一是培养一批国际一流的技术转移机构和专业人才。十二是高校院所强化培训，做好政策宣传和解读。十三是继续完善科技成果转化评估和监督机制。

二、加强以企业研发为主导的政策体系建设

一是明确企业主导的研发导向，充分发挥企业在区域创新中的主体地位，采取"政府政策+龙头企业+融资担保+产业链中小企业"的发展模式，提升中小企业竞争力，完善市场主导的科技创新生态系统。二是拓展政府课题资助体系选题范围，设置企业科技发展专项课题，推动应用型课题从高校和科研院所主导向企业主导转变，更好赋能企业发展。三是完善高校和科研院所职称评定标准，提升企业课题在职称评定中的地位和作用。四是组织区域产业创新创业大赛，通过"揭榜挂帅"在高校和科研院所发布产业实际需求，鼓励大学生和研究生团队参与创新创业，并对大赛优秀项目进行定向推广转化，可在北京大兴临空经济区试点并推广。五是设置针对"专精特新"企业定向定时推送科技前沿数据库，将北京各大高校及科研院所已发表的最新前沿成果以中文形式上传数据库并免费同步给京津冀区域企业，赋能企业更好了解科技前沿，捕捉科技动向和转化对接机会。

三、发挥各自优势，打造区域创新共同体，形成"北方优势"

一是鼓励清华、北大和中科院等知名院校和科研院所对接津冀产业实际需求，针对重点领域的科技集群，在津冀地区建立科技合作示范基地和"科

技中试中心"。二是鼓励三地对当前国家重大需求（如低碳零碳）、重大装备及关键零部件等课题和项目采取合理分工与联合攻关，通过共同研发形成"北方优势"。三是建立科技人才共享机制，利用互联网平台优势定期开展线上"星期日工程师"活动，形成三地人才交流的有效互动机制。四是加快破除市场监管行政障碍，促进市场、资源、资本等经济要素的流通。五是引导金融机构遵守法律法规，引导银行机构依法合规健全联合授信机制，鼓励跨区域资本市场有序流动。

四、完善科技成果评估和定价的创新机制

一是出台京津冀创新成果转移转化条例，完善三地科技成果转化政策体系，提升区域内科技成果转移转化能力。二是完善三地科技成果评估体系，发挥行业协会、研究会和专业化评估机构在科技成果价值评价方面的作用，按照科技成果转化历史数据，通过大数据技术对科技成果价值评估进行精准分类、分层指导，建立科技成果转化的公开案例库，为科技成果转化的科学评估和定价提供参考。三是建立"先使用后竞价"的科技成果交易模式。"先使用"机制可消除科技成果需求方和供应方之间的信息不对称，使得科技成果需求方敢于尝试；"后竞价"机制可以保证科技成果转化的最大效益。四是建立京津冀技术交易市场，举办区域"科博会"，畅通三地科技要素流通渠道。

五、搭建区域科技成果转化中介公共服务平台

一是加大力度培育技术经理人。可通过扶持技术转移转化服务机构，培育技术转移转化服务专员，完善技术转移转化从业人员的资质和配套政策；还可以在三地职业高校试点开设"科技转化"相关专业，培养科技成果转化人才。二是加强科技成果转移转化中介平台建设。建立科技成果的大数据推介平台，通过人工智能技术对产业科技需求和北京科技成果供给进行精准匹配，更好地实现"穿针引线"。三是依托科技行业协会等建立三地有效沟通机制。可充分利用行业协会建立创新链研发端和产业链需求端的有效沟通机制，降低产业链与创新链融合的效率损失。

六、打造区域科技成果转化"区块链+众包+众筹"平台

一是打造京津冀区域性科技成果转化"众包"公共平台。京津冀区域企业通过"众包"形式,在公共平台发布业务需求。京津冀高校和科研院所通过领取任务实现对接,以此消弭供需双方的信息不对称性,更好地撮合科技成果转化双方。二是在区域公共平台基础上进一步融入"众筹"模式。金融机构通过"众筹"形式为"众包"任务进行融资,形成长期的、可追溯的捆绑式利益共同体,降低传统科技成果转化双方的对赌风险。三是在区域公共平台引入区块链技术。区块链技术的去中心化和共识机制,可以避免科技成果转化中的信任问题,建立更加可靠的信任机制,降低风险。

七、构建科创走廊,促进北京科技成果转化就近落地

一是创新跨域治理模式和利益共享模式,构建关键核心共性技术平台共同体。创新跨域治理模式,将制度优势转化为治理效能。重视国家层面赋权赋能,构建国家战略支持、部委和省级政府有为引导、地方政府间积极合作的多层级合作治理网络;积极探索优化干部空间流动机制、交流与学习机制、容错纠错机制等,激活各级干部在科创走廊建设中的"创业"热情。构建政府引导、多元治理主体共治的合作治理体系。以多层级政府合作主导科创走廊的规划编制、制度创新及政策供给,引导企业、科研机构、行业协会等多元治理主体共同参与科创走廊合作治理。加快制度创新与互认互通。围绕廊内先进技术、科学设施、科创人才、金融工具、园区空间等资源对接与科创合作,探索开展费用扣除、投资税收抵免、加速折旧、优惠税率等税基式优惠政策;聚焦科技体制、知识产权保护、产学研转化等多方面创新政策,在廊内试行互认互通。加强创新基础设施平台建设,加快构建新型实验室体系。全力争取国家增量重大创新资源落地京津雄科创走廊,京津冀要联合争取、联合建设国家级基础设施平台,打造跨区域世界一流科技基础设施集群。

二是探索建立产业合作飞地与"双向飞地",构建承载先进制造业集群的园区共同体。探索建立"科创在地化,制造在地化"模式。打造战略性新兴产业融合集群和制造业集群,加快区域现代化产业体系构建,将科技创新与先进制造有机聚合于科创走廊空间范围之内,建设京津冀世界级科技型制造业中心。探索建设产业合作飞地与"双向飞地",绘制京津冀产业合作图谱。

精准研究三地产业合作空间，制定项目合作清单，将天津滨海—中关村科技园、京津中关村科技城和保定·中关村创新中心作为先行先试区，坚持"能复制皆复制，宜创新即创新"原则，推动移植产业合作飞地的先进政策和理念，促进京外飞地发展。沿着京保石、京津塘发展轴，近期可在北京大兴国际机场临空经济合作区中的河北部分扩大地域范围，联手打造区域先进制造业聚集的园区共同体。创新园区共同体共建机制，协调建立园区联席会议制度，成立园区共建协调小组，以协议的形式明确各方出资方式与时限、土地出让条件、产业发展支持政策、双方职责等。建立利益分享机制，如可参考深哈产业园按5∶5分配园区税收地方留存部分，前10年全部税收分成作为扶持基金100%用于支持产业园及企业发展。

三是注重技术研发与生产性服务业双向联动发展，推进建设"产学研介用"相结合的科技成果转化共同体。吸引和集聚科创型优质企业机构。制定全球研发中心、外资开放式创新平台等研发型机构的认定条件和免税退税便利化措施，鼓励国际知名科技企业、跨国公司在科创走廊设立研发中心；出台技术转移税收优惠政策，吸引国内外顶尖研发机构、一流高校及科研院所设立研发转化部门；持续加大廊内评价入库的科技型中小企业奖补力度，激励企业加大研发投入。构建多元开放的创新孵化生态网络。借鉴麻省理工学院（MIT）工业联络计划，构建一个由政府、高校及科研院所、科技型企业与生产性服务企业组成的生态网，鼓励建立联合实验室，提升合作项目接洽效率和科技成果孵化效率。大力发展生产性服务业，助力科创产业链建设。利用北京服务业扩大开放政策体系，发挥大兴机场临空经济区优势，吸引国内外金融科技企业、风险投资机构等优质生产性服务企业在廊内集聚，加快创新创业服务体系建设。政府部门联合廊内龙头科创服务企业，共同打造集产业规划、科技园区运营、科技项目孵化、投融资融合、科技峰会运营、法律咨询服务等于一体的综合性科创服务平台。京津冀要持续完善"科研众包""揭榜挂帅"等科技成果转化机制，创新中介专业服务模式，不断拓展知识产权交易平台功能，实现项目和院所企业的精准对接，大幅提升科创成果承接能力。

四是构建需求导向的人才储备共同体，打造协同创新文化共同体。探索建立市场化运营的"校企园"三方共建产教融合公共基地，加强三地在职业教育、技能培训、成果转化等领域的合作，共同开展人才培养项目，促进人才交流，加快培养多学科交叉领域人才和"卡脖子"技术紧缺人才，为科创走廊发展提供人才支撑。形成京津冀三地跨区域规划、立法和改革政策体系。加强京津冀三地在城市规划、基础设施建设等领域的合作，实现跨区域统筹规划；协调三地立法机构，加快制定统一的跨区域法律法规；在行政、经济和社会等领域，探索实施跨区域改革，促进三地协同发展。营造"鼓励创新、宽容失败"的创新文化环境，将科创走廊打造成为最活跃的创新地带。探索共同举办中关村论坛区域主题分论坛，鼓励和支持区域举办全球性学术年会，邀请国内外知名学者、政府和企业人员共同探讨科技前沿问题，提高京津冀科技创新水平和创新文化影响力。

第四节　京津冀金融与创新协同一体化发展路径

一、引金融"活水"润科技创新

建立高效的区域金融服务体系和创新资金支持机制，确保资金流向创新领域和关键产业。首先，完善金融产品和服务，特别是针对初创科技企业和创新项目的专项金融服务，如风险投资、创新贷款等，以降低创新活动的资金门槛。其次，加强金融机构与科技园区、创新平台之间的合作，建立直接的资金支持渠道，确保资金有效流向创新领域和关键产业。再次，通过政府引导基金等方式，吸引私人资本投资创新项目，形成多元化的创新资金支持体系，促进区域内外创新能力的提升和产业结构的优化升级。最后，促进金融资本与实体经济深度融合，加强金融与产业、科技等领域的联动，支持实体经济特别是高新技术企业发展。

二、打破行政壁垒，实现资源共享

加强政策协调和制度创新，促进金融和科技政策的整合。建立跨部门协调机制，确保金融与科技政策的一致性和互补性。这包括共同制定支持科技创新和产业升级的财政、税收政策和金融监管框架。同时，通过建立区域性信息平台，促进金融机构、科研机构、企业之间的信息交流和资源共享。整合区域内的创新资源，提高资金使用效率，加速科技成果的产业化进程。

三、推动金融机构与科技企业的深度合作

金融机构可以通过专门的科技创新基金或者风险投资，为科技企业提供必要的资金支持；通过金融产品和服务创新，支持科技成果转化和产业升级，克服研发初期的资金难题；提供定制化的金融产品和服务，满足科技企业在不同发展阶段的需求，如知识产权质押贷款、供应链金融等。同时，科技企业可以与金融机构合作，运用其技术优势，帮助金融机构进行数字化转型，提高金融服务的效率和安全性。例如，利用大数据和人工智能技术优化风险评估模型，或者利用区块链技术提高金融交易的透明度和可追溯性。这样的合作不仅能加速科技成果的商业化进程，促进科技企业的成长和发展，同时也能帮助金融机构提升服务能力和竞争力，实现双方共赢。更重要的是，通过这种深度合作，可以促进金融资本向高新技术产业和未来产业聚集，推动产业结构的优化升级，进而为区域经济的高质量发展提供强有力的支持。

四、构建跨区域人才发展平台，促进金融和科技资源共享

加强人才培养和交流是推动区域经济创新和发展的关键。一是建立综合性的人才交流平台，集聚区域内外优秀人才，提供交流、学习和合作的机会，并定期举办研讨会、工作坊和竞赛活动，促进金融和科技领域知识的交流与共享。二是通过政府和企业合作，为人才提供创新创业支持，包括资金支持、政策指导和技术服务等，激发人才的创新潜力和创业热情。三是完善教育和培训体系，与高等院校和研究机构合作，开展有针对性的教育和培训项目，提升人才的专业技能和创新能力。四是促进金融和科技领域的紧密合作和资源共享，加速科技成果的转化和产业升级，推动区域经济的高质量发展。

五、促进城市间产业学习与数字经济转型

通过城市间的产业学习和数字经济转型，可以促进京津冀区域内的经济活动和金融服务的优化与创新，从而提升区域内的产业竞争力和金融效率。这种跨城市的产业升级和技术创新，有助于推动京津冀区域金融资源的有效流动和配置，加强科技与金融的融合，进而促进区域经济的整体协同发展。打通城市间进行产业学习的路径，增强邻近城市或定向帮扶城市之间的学习效应，促使城市选择更适合的产业进行数字化转型，发展比较优势产业，进

而促进经济发展。

具体可以从以下几个方面着力采取有效措施：

一是进一步发展具有高复杂度的数字经济产业，提升经济发展水平。研究发现，城市数字经济产业的复杂度和城市经济发展呈现一定的正相关关系。因此，进一步发展复杂度较高的数字经济产业，有利于找准产业数字化的具体方向，提升经济发展水平。

二是增强交通便捷性，降低城市间的地理距离成本，提升"邻近学习"效应。从产业规模要素视角的研究发现，缩短城市之间的地理距离，有助于提升城市之间显著比较优势产业的相似性。因此，通过加强交通基础设施（如高铁、城际铁路、高速公路等）的建设，可以在空间上缩短城市间固有的地理距离，使得城市之间可以通过"邻近学习"促使某些数字经济产业细分类别转型为显著比较优势行业。

三是加强结对帮扶，通过创新技术引入，促进落后区域的数字化转型。从技术创新要素视角的研究发现，具有更为相似技术创新要素的城市之间，比较优势数字经济产业的相似性更高。因此，可以引导城市寻找具有相似技术创新要素背景的城市进行"相似技术学习"，促进比较优势产业的转型。此外，还可以通过技术创新要素雄厚的大城市对技术创新要素不足的小城市进行定点结对帮扶，如技术的转移，使得一些数字经济产业实现比较优势转型，缓解城市间的要素不均衡发展，促进城市实现共同富裕。

第五节　本章小结

本章探讨了京津冀金融协同一体化与科技创新协同一体化发展路径。从金融政策协调、金融基础设施建设、金融服务创新与多元化、人才和信息共享、对外开放与国际合作以及区域产业结构调整等方面提出了具体建议。同时，针对科技创新，分析了当前面临的问题，借鉴国际创新模式，提出了破除科技成果转化的障碍、加强企业研发主导的政策体系建设、构建区域创新共同体等策略。这些措施旨在优化资源配置，促进区域内金融与科技创新的深度融合，推动京津冀区域经济高质量发展。

第九章 总结与展望

第一节 引 言

在当前全球化与区域一体化发展的大背景下,京津冀一体化不仅是我国国家战略的重要组成部分,更是区域经济发展模式创新的重要实践。金融协同和创新协同作为推动京津冀一体化的两大动力,不仅关系到资金的有效流动和资源的合理配置,更影响着区域内外创新能力的提升和产业结构的优化升级。

本书首先回顾了京津冀一体化的发展背景和现状,随后详细阐述了多层网络理论的基础和应用框架,进一步通过实证分析展示了京津冀金融协同与创新协同的现状、问题和挑战。通过构建与分析京津冀金融协同空间结构网络和创新协同网络,提示两大网络的运行机制和相互作用。在此基础上,本书提出了优化区域金融结构和促进科技成果转化的对策建议,旨在通过金融创新和协同发展,促进京津冀区域内创新资源的整合与优化,从而加速区域经济结构的转型升级和高质量发展。

在深入研究和分析的过程中,本书综合运用了文献分析、案例研究、网络分析等多种研究方法,力求全面、客观地反映和分析京津冀金融与创新协同一体化的复杂现象,提出实证研究支持的政策建议。我们希望本书能够为政策制定者、学者、金融机构和企业提供有价值的参考和启示,共同推动京津冀区域一体化进程,为中国乃至全球的区域经济一体化提供新的理论和实践经验。

第二节　研究总结

在京津冀区域一体化进程中，金融协同和创新协同的结合不仅优化了资源配置，还促进了产业技术水平和竞争力的提升，为区域内的经济发展提供了双重动力。金融协同通过提供资金支持和优化资源配置，降低了企业的融资成本，加快了资金流转速度，为创新活动提供了充足的资金保障。这种资金的流动性和可获取性的提高，为区域内企业探索新技术、新产品和新市场提供了强有力的支撑。同时，金融协同还促进了金融市场的一体化，提高了金融服务的效率和覆盖范围，为中小企业等传统上更难以获得融资的主体提供了更多机会。创新协同通过促进知识分享、技术转移和协作研发，加快了技术创新和应用的速度，提升了区域内产业的技术水平和竞争力。这种协同不仅限于企业内部，还包括企业之间、企业与研究机构之间以及跨区域的合作，形成一个多层次、宽领域的创新网络。通过这种网络，创新资源和信息能够快速流动和共享，极大地降低了创新的时间成本和经济成本，也增加了创新成功的可能性。

金融协同和创新协同的结合，使得金融资源能够更有效地支持创新活动，而创新成果的实现又能带动金融产品和服务的创新，形成一个良性循环。这种内外部的协同效应不仅加速了经济结构的优化升级，也促进了区域内外部的经济融合，提高了整个区域的经济效率和竞争力。此外，这种协同效应还有助于吸引更多的投资，促进就业，提高居民的生活水平，从而实现社会经济的全面发展。

总之，金融协同和创新协同的有效结合，为京津冀区域一体化提供了强大的动力和支撑。通过优化资源配置、加速技术创新和促进产业升级，这一过程不仅推动了区域经济的高质量发展，也为其他地区提供了可借鉴的经验和模式。

第三节　研究展望

首先，扩大数据范围：未来的研究可以纳入更多的最新数据或扩大地理范围，包括与国内和国际其他城市群的比较，以加强对金融和创新协同作用的理解。

其次，政策和实施重点：可以进一步深入研究研究结果的政策含义，研究如何有效实施具体战略，并利用区域发展的协同效应，提出深化和拓宽区域一体化背景下金融和创新协同效应研究领域的途径。

再次，纵向研究：追踪金融和创新协同作用随时间演变的长期研究，对于理解趋势和预测未来发展是有价值的。

参考文献

[1] 鲍悦华，张宇飞．布局成果转化全链条，助推技术产业化 韩国推进科技成果转化的"未来科技"模式［J］．华东科技，2016，359（1）：54-57．

[2] 陈华，邓寒梅，师伟力．英国技术转移的管理模式及借鉴研究［J］．产业与科技论坛，2021，20（14）：221-223．

[3] 陈涛，张紫迎．高校科技成果转化中介作用的区域特征及影响因素：基于2019年高校专利权转让中介网络［J］．生产力研究，2022，356（3）：79-84，161．

[4] 陈曦．京津冀联合推进协同创新共同体建设［N］．科技日报，2024-01-05（007）．

[5] 陈晓东，杨晓霞．数字经济发展对产业结构升级的影响：基于灰关联熵与耗散结构理论的研究［J］．改革，2021（3）：26-39．

[6] 蔡宏波，逯慧颖，雷聪．"一带一路"倡议如何推动民族地区贸易发展？：基于复杂网络视角［J］．管理世界，2021，37（10）：73-86，127．

[7] 曹薇，刘春虎，苗建军．区域承接产业转移的产业空间双网络分析：基于金融发展、资源禀赋因素比较视角［J］．运筹与管理，2021，30（5）：176-181．

[8] 程婧瑶，樊杰，陈东．基于重力模型的中国金融中心体系识别［J］．经济地理，2013（3）：8-14．

[9] 戴魁早，黄姿，王思曼．数字经济促进了中国服务业结构升级吗？［J］．数量经济技术经济研究，2023，40（2）：90-112．

[10] 邓薇．我国金融业空间布局及影响因素分析［J］．统计与决策，2015（21）：138-142．

[11] 邓向荣，曹红．产业升级路径选择：遵循抑或偏离比较优势：基于产品空间结构的实证分析［J］．中国工业经济，2016（2）：52-67．

［12］邓向荣，羊柳青，冯学良．企业国际合作研发能否促进科技成果转化：从知识创新到产品创新［J］．中国科技论坛，2022，316（8）：107-118．

［13］丁帅，许强．国内外科技成果转化模式的比较与研究［J］．中国科技产业，2020（3）：69-74．

［14］董洁，孟潇，张素娟，等．以色列科技创新体系对中国创新发展的启示［J］．科技管理研究，2020，40（24）：1-12．

［15］杜庆霞．金融集聚与区域经济增长的理论及实证研究［J］．时代金融，2017（32）：113，118．

［16］方齐，谢洪明．科技成果转化政策供给与政策协调的组态效应［J］．科学学研究，2022，40（6）：991-1000．

［17］方叶林，黄震方，涂玮．社会网络视角下长三角城市旅游经济空间差异［J］．热带地理，2013，33（2）：212-218．

［18］何丽敏，刘海波，肖冰．基于技术成熟度的科技成果转化模式策略研究：以中科院宁波材料所为例［J］．科学学研究，2021，39（12）：2170-2178．

［19］高振，陈红喜，陈晓歌，等．高校科技成果转化政策变动效应研究［J］．科技进步与对策，2023：1-8．

［20］龚敏，江旭，高山行．如何分好"奶酪"？：基于过程视角的高校科技成果转化收益分配机制研究［J］．科学学与科学技术管理，2021，42（6）：141-163．

［21］郭鲁钢．科技成果转化关键影响因素研究［J］．高科技与产业化，2020，290（7）：66-71．

［22］胡凯，王炜哲．如何打通高校科技成果转化的"最后一公里"？：基于技术转移办公室体制的考察［J］．数量经济技术经济研究，2023，40（4）：5-27．

［23］黄平，李敬如，卢卫疆，等．基于关键环节分类组合的科技成果转化模式研究［J］．科技管理研究，2015，35（21）：58-61，81．

［24］黄涛，于若溪，张胜，等．横向结余经费投资成果转化的治理机制研究［J］．科学学研究，2023，41（6）：1057-1065．

［25］侯赟慧，刘志彪，岳中刚．长三角区域经济一体化进程的社会网络

分析［J］．中国软科学，2009（12）：90-101．

［26］霍国庆，唐露源．科技成果转化的大规模定制模型与案例研究［J］．科学学研究，2023，41（12）：2175-2181．

［27］霍国庆．科技成果转化的创新模式与思考［J］．智库理论与实践，2019，4（4）：71-74．

［28］贾康，茅宁莹．医药科技成果转化机制与影响因素探析：基于三螺旋视角［J］．科技管理研究，2020，40（20）：148-154．

［29］贾永飞，郭玥．知识基因视角下科技成果转化影响因素研究［J］．科技进步与对策，2023，40（10）：67-78．

［30］蒋瑛，汪琼，杨骁．全球价值链嵌入、数字经济与产业升级：基于中国城市面板数据的研究［J］．兰州大学学报（社会科学版），2021（6）：40-55．

［31］蒋建勋，王宏伟．大学科技园影响高校科技成果转化机制研究：基于管理机构人员视角［J］．技术经济，2022，41（11）：54-65．

［32］金雪军，田霖．我国区域金融成长差异的态势：1978—2003年［J］．经济理论与经济管理，2004（8）：24-30．

［33］李雨婕，肖黎明．中国绿色金融网络空间结构特征及影响因素分析：基于企业-城市网络转译模型的视角［J］．世界地理研究，2021，30（1）：101-113．

［34］李红，王彦晓．金融集聚、空间溢出与城市经济增长：基于中国286个城市空间面板杜宾模型的经验研究［J］．国际金融研究，2014（2）：89-96．

［35］李响．基于社会网络分析的长三角城市群网络结构研究［J］．城市发展研究，2011，18（12）：80-85．

［36］李昊，曹宏铎．集群演化网络模型与仿真研究［J］．管理学报，2010，7（3）：453-461．

［37］李国平，孙瑀，朱婷．“十四五”时期优化我国经济空间结构的若干对策建议［J］．改革，2020（8）：30-45．

［38］李晓慧，贺德方，彭洁．日本高校科技成果转化模式及启示［J］．科技导报，2018，36（2）：8-12．

［39］李佳霖．探访科技成果转化的"中关村模式"［N］．经济日报，

2015-11-13（012）.

[40] 李麒，王雪，严泽民．以市场为导向的科技成果转化模式探究：以宁波A公司为例［J］．改革与开放，2019（21）：37-40.

[41] 李美慧．京津冀中心城市金融业集聚度及辐射范围研究［J］．中国市场，2017（32）：32-35.

[42] 李泽枫．科技成果转化过程中的价值评估问题研究［J］．中国管理信息化，2022，25（22）：120-122.

[43] 李昱，王峥，高菲．新型研发机构在产学研深度融合中的作用探析：以瑞士比尔创新园为例［J］．全球科技经济瞭望，2021，36（1）：49-58.

[44] 林晓，韩增林，赵林，等．我国省域金融联系的空间格局及其变化［J］．经济地理，2013，33（9）：87-92，114.

[45] 刘继，马琳琳．金融集聚的经济溢出效应及时空分异研究：基于省际数据的空间计量分析［J］．金融发展研究，2019（2）：17-25.

[46] 刘辉，申玉铭，柳坤．中国城市群金融服务业发展水平及空间格局［J］．地理学报，2013，68（2）：186-198.

[47] 刘守英，杨继东．中国产业升级的演进与政策选择：基于产品空间的视角［J］．管理世界，2019，35（6）：81-94，194-195.

[48] 刘耀彬，戴璐．基于SNA的环鄱阳湖城市群网络结构的经济联系分析［J］．长江流域资源与环境，2013，22（3）：263-271.

[49] 刘永千．多主体参与的区域科技成果转化影响因素［J］．同济大学学报（自然科学版），2020，48（12）：1828-1835.

[50] 刘大勇，孟悄然，段文斌．科技成果转化对经济新动能培育的影响机制：基于230个城市专利转化的观测与实证分析［J］．管理科学学报，2021，24（7）：49-65.

[51] 刘瑞明，金田林，葛晶，等．唤醒"沉睡"的科技成果：中国科技成果转化的困境与出路［J］．西北大学学报（哲学社会科学版），2021，51（4）：5-17.

[52] 柳卸林，何郁冰，胡坤，等．中外技术转移模式的比较［M］．北京：科学出版社，2012：57-76.

[53] 龙腾．打造科技成果转化"北理工模式" 助力北京国际科技创新

中心建设［J］. 北京教育（高教），2023，987（1）：16-17.

［54］鲁金萍，刘玉，杨振武，等. 基于SNA的京津冀城市群经济联系网络研究［J］. 河南科学，2014，32（8）：1633-1638.

［55］吕承. 多层网络视角下多元主体的创新价值传递路径匹配与优化研究［D］. 西安：陕西师范大学，2022.

［56］邱启程，袁春新，唐明霞，等. 基于供给侧和需求侧需求视角的农业科技成果转化［J］. 江苏农业科学，2016，44（8）：5-9.

［57］任会明，叶明确，余运江. 中国三大城市群金融网络空间结构与演化特征［J］. 经济地理，2021，41（12）：63-73.

［58］任英华，姚莉媛. 金融集聚核心能力评价指标体系与模糊综合评价研究［J］. 统计与决策，2010（11）：32-34.

［59］茹乐峰，苗长虹，王海江. 我国中心城市金融集聚水平与空间格局研究［J］. 经济地理，2014，34（2）：58-66.

［60］沈玉芳，张婧，王能洲，等. 长江三角洲城市群金融业演进的空间结构特征［J］. 地域研究与开发，2011（2）：86-90.

［61］史童，杨水利，王春嬉，等. 科技成果转化政策的量化评价：基于PMC指数模型［J］. 科学管理研究，2020，38（4）：29-33.

［62］莎薇，黄科星，陈之瑶，等. 新型研发机构科技成果转化的影响因素及作用机制模型：基于中国科学院深圳先进技术研究院的探索性案例研究［J］. 科技管理研究，2023，43（2）：127-133.

［63］斯峒. 多方协同推动科技成果转化的"北京模式"［N］. 中国科学报，2018-08-30（008）.

［64］孙天阳，许和连，王海成. 产品关联、市场邻近与企业出口扩展边际［J］. 中国工业经济，2018（5）：24-42.

［65］谭劲松，何铮. 集群自组织的复杂网络仿真研究［J］. 管理科学学报，2009，12（4）：1-14.

［66］塔费. 城市等级：飞机乘客的限界［J］. 经济地理（英文版），1962（1）：1-14.

［67］王聘. 科技成果转化叫响"青岛模式"［N］. 青岛日报，2017-04-05（002）.

［68］汪明. 基于社会网络的江苏城市群经济联系网络结构研究［J］. 商

业时代，2012（27）：138-139.

[69] 王娟娟. 我国数字经济的"两化"发展与区域比较 [J]. 中国流通经济，2023，37（1）：12-23.

[70] 王开科，吴国兵，章贵军. 数字经济发展改善了生产效率吗 [J]. 经济学家，2020（10）：24-34.

[71] 汪寿阳，胡毅，熊熊，等. 复杂系统管理理论与方法研究 [J]. 管理科学学报，2021，24（8）：1-9.

[72] 温兴琦，BROWN D，黄起海. 概念证明中心：美国研究型大学科技成果转化模式及其启示 [J]. 武汉科技大学学报（社会科学版），2015，17（5）：555-560.

[73] 吴德胜，曹渊，汤灿，等. 分类管控下的债务风险与风险传染网络研究 [J]. 管理世界，2021，37（4）：35-54.

[74] 吴寿仁. 科技成果转移转化成效的影响因素及提高途径 [J]. 创新科技，2022，22（5）：20-29.

[75] 吴寿仁. 上海科技成果转移转化模式研究 [J]. 创新科技，2021，21（8）：45-54.

[76] 谢黎，杨华，张志强. 基于文本量化的地方科技成果转化政策工具效果评价 [J]. 中国科技论坛，2022，320（12）：55-66.

[77] 叶晟洲. 科技成果转化模式与选择分析研究 [J]. 农村经济与科技，2019，30（15）：301-302.

[78] 杨雨，宋福铁，张杰. 基于地理探测器的中国金融网络空间结构特征及影响因素研究 [J]. 干旱区地理，2023，46（9）：1524-1535.

[79] 杨志民，化祥雨，叶娅芬，等. 金融空间联系与SOM神经网络中心等级识别：以浙江省县域为例 [J]. 经济地理，2014，34（12）：93-98.

[80] 杨志民，化祥雨，叶娅芬，等. 金融空间联系及K-means聚类中心等级识别研究：以长三角为例 [J]. 地理科学，2015，35（2）：144-150.

[81] 杨斌，肖尤丹. 国家科研机构硬科技成果转化模式研究 [J]. 科学学研究，2019，37（12）：2149-2156.

[82] 杨红斌，荆秀艳，王鹏飞. 加拿大大学科研管理机制研究及启示 [J]. 世界科技研究与发展，2020，42（4）：472-481.

[83] 杨传明，GABOR，HORVATH. 时空交互视角下长三角城市群雾霾

污染动态关联网络及协同治理研究［J］.软科学，2019，33（12）：114-120.

［84］晏文隽，陈辰，冷奥琳.数字赋能创新链提升企业科技成果转化效能的机制研究［J］.西安交通大学学报（社会科学版），2022，42（4）：51-60.

［85］姚思宇，何海燕.高校科技成果转化影响因素研究：基于 Ordered Logit 模型实证分析［J］.教育发展研究，2017，37（9）：45-52.

［86］禹文豪，周治.中国科技成果转化政策有效性评价：以长三角三省一市为例［J］.科技管理研究，2022，42（23）：39-47.

［87］袁野，钱莲芬.基于网络分析法的中国区域金融空间关联分析研究［J］.温州大学学报（自然科学版），2018，39（3）：38-46.

［88］袁传思，马卫华.高校新型研发机构专利成果转化的激励机制：以广州部分重点高校为例［J］.科技管理研究，2020，40（15）：126-132.

［89］张杰，盛科荣，王传阳.中国城市间金融网络的空间演化及其影响因素［J］.热带地理，2022，42（6）：928-938.

［90］张浩，陈锐.基于三螺旋理论的瑞典政产学合作模式研究［J］.科技和产业，2018，18（4）：94-99.

［91］张欣.多层复杂网络理论研究进展：概念、理论和数据［J］.复杂系统与复杂性科学，2015，12（2）：103-107.

［92］张其仔，李颢.中国产业升级机会的甄别［J］.中国工业经济，2013（5）：44-56.

［93］张亭，刘林青.中美产业升级的路径选择比较：基于产品空间理论的分析［J］.经济管理，2016，38（8）：18-28.

［94］张亭，刘林青.产品复杂性水平对中日产业升级影响的比较研究：基于产品空间理论的实证分析［J］.经济管理，2017，39（5）：115-129.

［95］张瑞萍，历军.建立以需求为导向的科技成果转化机制［N］.光明日报，2019-03-15（011）.

［96］曾冰.中国省际金融发展的空间网络结构及其驱动机制研究［J］.金融发展研究，2019（10）：14-21.

［97］赵伟，马瑞永.中国区域金融增长的差异：基于泰尔指数的测度［J］.经济地理，2006（1）：11-15.

［98］钟卫，沈健，姚逸雪.中美高校科技成果转化收益分配机制比较研

究［J］.科学学研究，2023，41（2）：253-263.

［99］周立，胡鞍钢.中国金融发展的地区差距状况分析（1978—1999）［J］.清华大学学报，2002（2）：16-22.

［100］周立，陈彦羽.最优金融空间结构与区域经济协调发展［J］.河海大学学报（哲学社会科学版），2022，24（3）：60-67，115.

［101］赵睿，李波，陈星星.基于文本量化分析的金融支持科技成果转化政策的区域比较研究［J］.中国软科学，2020（S1）：155-163.

［102］赵长伟，赵佳帆.基于城市比较的科技成果转移转化对策研究［J］.杭州科技，2022，53（5）：54-57.

［103］赵涛，张智，梁上坤.数字经济、创业活跃度与高质量发展：来自中国城市的经验证据［J］.管理世界，2020，36（10）：65-76.

［104］郑俊亮，储晶.高校科技成果转化激励机制研究［J］.教育教学论坛，2022，590（39）：41-44.

［105］朱娅妮，余玉龙.科技成果转化的影响因素及对策研究：以长三角区域地方高校为例［J］.中国高校科技，2021，392（4）：92-96.

［106］宗倩倩.高校科技成果转化现实障碍及其破解机制［J］.科技进步与对策，2023，40（4）：106-113.

［107］ALKHAZALEH R, MYKONIATIS K, ALAHMER A. The success of techonology transfer in the industry 4.0 era：a systematic literature review［J］. Journal of open innovation：technology, market, and complexity, 2022, 8(4)：202.

［108］BALASSA B. Trade liberalization and revealed comparative advantage［J］. The manchester school of economics and social studies, 1965, 33：99-123.

［109］BOCCALETTIS, BIANCONI G, CRIADO R, et al. The structure and dynamics of multilayer networks［J］. Physics reports, 2014, 544：1-122.

［110］BRENNER T, GREIF S. The dependence of innovativeness on the local firm population - an empirical study of German patents［J］. Industry and innovation, taylor & francis journals, 2006, 13（1）：21-39.

［111］BROWN R. Cluster dynamics in theory and practice with application to Scotland［J］. Regional and industrial policy research paper, 2000（38）：206-228.

[112] CASTELLS M. The rise of network society [M]. Oxford: Blackwell, 1996.

[113] CHEN H, GOMPERS P, KOVNER A, et al. The geography of venture capital [J]. Journal of urban economics, 2010, 67 (1): 90-102.

[114] CLAYTON P, FELDMAN M, LOWE N. Behind the scenes: intermediary organizations that facilitate science commercialization through entrepreneurship [J]. Academy of management perspectives, 2018, 32 (1): 104-124.

[115] DAS K, SAMANTA S, PAL M. Study on centrality measures in social networks: a survey [J]. Social network analysis and mining, 2018, 8 (13): 1-11.

[116] DOMENICO M D, GRANELL C, PORTER M A, et al. The physics of multilayer networks [EB/OL]. [2024-01-15]. Arxiv org/pdf/1604.02021v1.

[117] DOW S C. The stages of banking development and the spatial evolution of financial systems [M]. London: John Wiley & Sons, 1999: 31-48.

[118] GAO J, JUN B, PENTLAND A, et al. Spillovers across industries and regions in China's regional economic diversification [J]. Regional Studies 2021, 55: 1311-1326.

[119] GEARY R C. The contiguity ratio and statistical mapping [J]. The incorporated statistician, 1954, 5: 115-145.

[120] GETIS A, ORD J K. The analysis of spatial association by use of distance statistics [J]. Geographical analysis, 1992, 24: 189-206.

[121] GETIS A, ORD J K. Local spatial statistics: an overview [M] // Spatial analysis modelling in a GIS environment. New York: John Wiley & Sons, 1996: 261-277.

[122] GUERRERO M, URBANO D, FAYOLLE A, et al. Entrepreneurial universities: emerging models in the new social and economic landscape [J]. Small business economics, 2016, 47 (3): 551-563.

[123] HAKENH. Synergetics: an introduction [M]. New York: Springer-Verlag, 1983: 120-127.

[124] HIDALGO C A, KLINGER B, BARABASI A L, et al. The product

space conditions the development of nations [J]. Science, 2007, 317 (5837): 482-487.

[125] KAUFMAN. Emerging economies and international financial centers [J]. Review of pacific basin financial markets and policies, 2001, 4 (4): 365-377.

[126] KIRCHBERGER M A, POHL L. Technology commercialization: a literature review of success factors and antecedents across different contexts [J]. The journal of technology transfer, 2016, 41 (5): 1077-1112.

[127] KIVELÄ, MIKKO, ARENAS, et al. Multilayer networks [J]. Journal of complex networks, 2013, 2: 203-271.

[128] KRUGMAN P. Increasing returns and economic geography [J]. Journal of political economy, 1991, 99: 183-199.

[129] LAULAJAINEN R. Financial geography [M]. Beijing: the Commercial Press, 2001.

[130] LEYSHON A, THRIFT N. Geographies of financial exclusion financial abandonment in Britain and the United States [J]. Transactions of the institute of British geographers, 1995, 20: 312-341.

[131] LEYSHON A, FRENCH S, SIGNORETTA P. Financial exclusion and the geography of bank and building society branch closure in Britain [J]. Transactions of institute British geographers, 2008, 33: 447-465.

[132] MASON M, HARRISONR T. The geography of venture capital investments in the UK [J]. Transactions of institute British geographers, 2002, 27 (14): 427-451.

[133] MARTIN R. Institutional approaches in economic geography [M]. Oxford: Blackwell, 2000.

[134] MCDEVITT V L, MENDEZ-HINDS J, WINWOOD D, et al. More than money: The exponential impact of academic technology transfer [J]. Technology and innovation, 2014, 16: 75-84.

[135] MORAN P A P. Notes on continuous stochastic phenomena [J]. Biometrika, 1950, 37: 17-23.

[136] PANDIT N R, COOK G A S, SWANN G M P. The dynamics of

industrial clustering in British financial services [J]. The service industries journal, 2001 (13): 98-109.

[137] PARK Y S, ESSAYYAD M, GOLDBERG M A, et al. International banking and financial centers [M]. Holland: Kluwer Academic Publishers, 1989: 120-128.

[138] PORTEOUS D J. Geography of finance: spatial dimensions of intermediary behaviour [M]. England: Aldershot Avebury, 1995: 54-57.

[139] POYHONEN P A. Tentative Model for the volume of trade between countries [J]. Weltwirtschaft-liches archiv, 1963, 190: 507-522.

[140] SCIARRA C, CHIAROTTI G, RIDOLFI L, et al. Reconciling contrasting views on economic complexity [J]. Nature communications, 2020, 11: 3352.

[141] STORPER M, WALKER R. The capitalist imperative territory, technology and industrial growth [M]. Oxford: Blackwell, 1989: 85-86.

[142] TACCHELLA A, CRISTELLI M, CALDARELLI G, et al. Economic complexity: conceptual grounding of a new metrics for global competitiveness [J]. Journal of economic dynamics and control, 2013, 37: 1683-1691.

[143] TINBERGEN J. Shaping the world economy. suggestions for an international economic policy [M]. New York: The Twentieth Century Fund, 1962: 45-52.